U0920417

圈子·段子之

大明帝国
日常生活直播

张嵚 ◎ 著

西南财经大学出版社
Southwestern University of Finance & Economics Press

图书在版编目(CIP)数据

圈子·段子之大明帝国日常生活直播/张嵚著.—成都:西南财经大学出版社,2016.5
ISBN 978-7-5504-2349-7

Ⅰ.①大… Ⅱ.①张… Ⅲ.①中国历史—明代—通俗读物
Ⅳ.①K248.09

中国版本图书馆 CIP 数据核字(2016)第 049176 号

圈子·段子之大明帝国日常生活直播
Quanzi · Duanzi zhi Daming Diguo Richang Shenghuo Zhibo

张嵚 著

图书策划:亨通堂文化
责任编辑:张明星
助理编辑:李凯
责任校对:李筱
特约编辑:孙明新
封面设计:李尘工作室
责任印制:封俊川

出版发行	西南财经大学出版社(四川省成都市光华村街 55 号)
网　　址	http://www.bookcj.com
电子邮件	bookcj@foxmail.com
邮政编码	610074
电　　话	028-87353785　87352368
印　　刷	郫县犀浦印刷厂
成品尺寸	145mm×210mm
印　　张	8.875
字　　数	180 千字
版　　次	2016 年 5 月第 1 版
印　　次	2016 年 5 月第 1 次印刷
书　　号	ISBN 978-7-5504-2349-7
定　　价	30.00 元

目　录

目　录

各个圈子，各有段子

帝王生活现场

脱鞋很要命

明太祖朱元璋最疼爱的儿子，便是太子朱标。但爷俩也曾发生冲突。胡蓝大案爆发后，朱标为涉案的恩师宋濂求情。火头上的朱元璋脱口大骂：等你当了皇帝再赦免他吧。没想到朱太子脾气更倔，二话不说竟跳进了宫中的太液池。

这下可把朱元璋吓坏了，喝了一肚子水的朱标被捞上来后，朱元璋焦急地守在儿子身边不吃不喝，直到朱标活过来才安心。事后所有下水救太子的人，朱元璋全部记下名字，脱了鞋子下水的一律杀头，没脱鞋子下水的则官升三级。朱元璋的理由是：太子都危在旦夕了，你们难道还脱了鞋子再跳水吗？

群众反贪出冤案

朱元璋反腐败的一个大利器，就是发动群众：农民如果怀疑所在地的官员贪污腐败，就可以径直将官员绑了，敲锣打鼓地送到京城治罪，只要农民头上顶一本朱元璋亲自编写的《大诰》，沿途官员不但不敢阻拦，还要提供方便。

第一个敢这么做的人，是江苏常熟县农民陈寿六。洪武十八年（1385年），陈寿六因受地方官吏顾英欺压，与亲友一起将顾英捆绑，送到南京来治罪。得知消息的朱元璋非常高兴，不但亲自接见了陈寿六，而且还赏赐了他二十锭银钞（相当于人民币一万两千元），并免除他们全家三年赋税，陈寿六的事迹更被明朝的“宣传部门”大张旗鼓地通报全国表彰。

但有时候也闹出冤案来。《大诰续编》里记录，安吉县有个金姓农民，拖欠了两年地租，东家地主去讨要，金农民居然手拿《大诰》，把地主绑到南京城，送朱元璋处治罪。不明真相的沿途官员们居然也敲锣打鼓，拿着反腐败的阵仗礼送他进京。可怜的地主，差点就冤死在反贪运动里。

突击考察干部

朱元璋在位时特别讨厌的一个官员，便是监察御史韩宜可。此人经常直言进谏，不但不畏权贵，甚至还常驳朱元璋的面子，被朱元璋几次治得死去活来依然本性不改。但他有一个品质却得到了朱元璋的敬重——清廉。

有一次朱元璋突然杀到韩宜可家，想看看韩宜可过的什么日子，结果他看到韩宜可全家破衣烂衫，家徒四壁。朱元璋开始还不相信，开玩笑说：“你小子不会是知道我来，把家里的钱都藏起来了吧？”韩宜可二话不说，大大方方地打开家里的钱箱，只见里面空空如也，外带补充一句：“臣从来没钱，也就没钱可攒。”

明朝有多富

牵挂老百姓吃饭问题的朱元璋，终其整个在位期间，都格外重视农业，除了众所周知的清丈土地、轻徭薄赋等政策外，还出台了明朝版的“宏观调控”。

从明朝建国后的第四个月，即洪武元年（1368年）四月初一开始，全国的自耕农，凡种植桑、麻、木棉三种经济作物的，国家免三年赋税。不种桑与麻两种经济作物的，却要被处以罚款。

这项命令推行25年后，即公元1393年，中国棉花总产量11803000余斤，粮食总储量71800000石，《明史》称这一时期“宇内富庶，赋入盈羡，府县仓储甚丰，至红腐不可食”。至于老百姓的生活，当时的民谣是这样说的：山市晴，山鸟鸣，商旅行，农夫耕，老瓦盆中冽酒盈，呼器隳突不闻声。

最挂念老百姓

朱元璋另一个史不绝书的善举就是他的“晚年忧民益切”。从洪武二十六年（1393年）至他去世时的洪武三十一年（1398年），明朝曾多次打开官仓，赈济贫民。洪武二十六年

（1393年）四月，朱元璋更通告天下，规定从此后，凡有水旱灾害，地方官员可以不经请示，先行打开官仓赈济百姓。

洪武二十八年（1395年）八月起，明朝更开始通过派遣教官，建立学堂等方式，在西南少数民族土司地区推广文教。即使在人生的最后时刻，朱元璋依然在遗诏中叮嘱：自己去世后，丧礼不要用金银器皿，全国的臣民，在哀悼满三天后，就要脱下孝服，不要因为国丧，影响老百姓家的正常生活。“忧民”之心，直到生命终点。

永乐大帝的“治国梦”

浴血夺取江山的永乐皇帝朱棣，是个工作十分认真的领导。自从登基之后，每天早晨四更就起床，吃过早餐后，他要在早朝前把所有的国事预先筹划一遍，早朝之后，他批阅奏章往往要到很晚，而即使在他熟睡的时候，只要有紧急的奏报送来，不论他睡得有多熟，内侍都要立刻把他叫醒，否则内侍就要受罚。勤奋程度直追朱元璋的他，更有自己的治国理想。

永乐七年（1409年），在接见一位北京的老寿星时，兴致勃勃的朱棣，说出了自己的治国追求：农民勤劳地种地，不用担心交不上赋税；工匠勤劳地工作，不用为了养家糊口去钻研奇技淫巧；做生意的商人们可以生意兴隆，不会破产沦为流民；不管是穷人还是富人，彼此都可以和睦相处，邻里之间，更可以相互抚恤。这个理想，就是他一直说的“斯民小康”。

朱棣的马屁不好拍

永乐十三年（1415年），朱棣北征得胜归来，贵州布政使上奏章拍马屁，说朱棣凯旋的时候，连贵州的大山都有感应，群山高呼“万岁”。朱棣看了后很不高兴，大骂说：“我在北方征战，贵州的大山是怎么知道的？简直是胡说八道。”这位官员本想拍马屁的，反遭朱棣严惩。

就不让你死

在管理官员的学问上，朱棣继承了老爹朱元璋强硬的一面，却也有自己的创意。户部尚书夏原吉因反对北征遭下狱，兵部尚书吕震受命代理户部工作。胆小怕事的吕震因此惶惶不可终日。朱棣得知后，立刻命令十名内侍去监视吕震，并且警告说：如果吕震突然自杀，那么受命监视吕震的内侍们也都要统统陪他死。

“洋人”来认爹

朱棣的一大业绩，便是外交成就。拜郑和下西洋和陈诚通西域所赐，外国使团纷至沓来，可谓“万国来朝”。而各国朝见时的贺表内容，也非常丰富多彩，有“认神仙”的，比如满剌加国国王亲自来朝拜时，在贺表里奉承说，我们国家风调雨顺、国泰民安、政治清明，这都是因为大明皇帝保佑啊。

也有“认爹”的，比如帖木儿帝国国王哈鲁，他在永乐十九年（1421年）遣使朝见朱棣时，送上一匹马。国书中特意写明，这匹马是自己父亲老帖木儿当年的坐骑，自己作为儿子不敢骑，思来想去，还是朱棣骑比较合适。

算命要看时候

一生精力旺盛的朱棣，其实是一个症病缠身的人，他年轻时就经常肚痛，而且百医无效。直到登基后，经名医戴思然诊治，服药后排出许多小虫，方才渐渐好转。这种病，就是现代医学中说的“肠道寄生虫病”。

而从50岁后，朱棣又患上了严重的风湿病。为了治疗，他甚至笃信方士，在京城设立神庙，求取仙药，结果却是病痛越发严重，病痛的折磨也令朱棣时常脾气暴烈乖张。“靖难之役”中曾为他算命的袁珙，一次谏言他不要迷信仙药，却正赶上朱棣发病，当场被朱棣命人拉出去暴打一顿。

杀人要谨慎

朱棣对于中国法律的最大贡献，便是确立了“五复奏”制度，即对于死刑犯人的量刑要经过五轮审查。永乐六年（1408年）十一月，法司宣判的案件，被判处死刑的犯人多达三百人，朱棣得知后立刻下令复议。结果，查出其中二十多人是冤枉的。

从此之后，明朝法律改变了朱元璋时期死刑过滥且有法不依的弊端。依律行事，渐成明朝司法的主流。甚至朱棣本人也做出表率。一次户部发生冒支钱粮案，朱棣闻讯大怒，当场下令将犯事官员全部处死。负责审理案件的刑部官员回答说：“按照律法，这些案犯罪不当死。”朱棣立刻醒悟，当场改口说：“是我一时气糊涂了，居然把律法忘了，那就按照律法办吧。”

种田很辛苦

祖父朱棣很重视民生，明宣宗朱瞻基也同样如此，在“亲民”方面，他甚至更进一步。宣德五年（1430年）清明节，祭祀归来的朱瞻基走访京城郊区农家，不但考察民情，更亲自尝试农业劳动，扛着农具耕了一圈地。

事后他对大臣感叹说：我才干了这么几下农活，就累得受不了了。都说农事最辛苦，今天我总算信了。亲身体验了农事艰辛的朱瞻基，之后减免赋税，与民休息。他还选拔精干官吏出任地方知府，明朝名臣况钟，就是在这次体验生活后被任命的。

一语成谶

明宣宗在位的时候，一直对太子朱祁镇寄予厚望。朱祁镇刚学会说话的时候，明宣宗就把他抱在腿上问：将来你当了皇帝，能不能开创一个太平盛世？朱祁镇奶声奶气地回答：

能！明宣宗又问：那如果有人敢作乱，你敢不敢亲自去讨伐？小朱祁镇声音响亮回答：敢！没想到他这个问题后来竟“一语成谶”：朱祁镇果然敢亲自去讨伐敌人，不过却被敌人抓了俘虏。

好男人明英宗

铸成“土木堡惨败”大祸的明英宗朱祁镇，生活中却是个绝对好男人。他与皇后钱氏恩恩爱爱，事母孙太后极孝，太后生病的时候他亲自照料。他和同父异母弟郕王朱祁钰即后来的景泰帝，当时更是兄弟情深。

明宣宗一生仅朱祁镇与朱祁钰两个儿子，临终前他还曾特意把朱祁钰母子叫到病榻前，嘱托孙氏好好照料这对母子。朱祁镇登基后，对朱祁钰母子体恤有加，不但对朱祁钰的母亲吴氏极为恭敬，每到逢年过节，对朱祁钰更是必有厚赐。连当时的直臣李时逸（当年骂明仁宗的那位）都曾由衷称赞说：陛下兄弟相亲，国之福也。

爱国青年王公公

朱祁镇被后人诟病较多的，就是他宠信宦官，尤其是宠信王振。但在朱祁镇做太子乃至登基早期时，后来臭名昭著的太监王振，却也一度是个名声颇好的“贤良”。幼年朱祁镇喜好玩耍，经常在宫里摆开场子踢球，连大臣们都不敢劝，没想到王振见到后扑通跪倒，当场流泪高呼说：“当年先帝（明宣宗）喜欢踢球，结果误了国事。现在皇上又踢球，是要把国家大事置于何地啊？”此事传开，许多朝中重臣也啧啧称赞，内阁重臣杨士奇就曾感慨：太监当中也有这样的贤良啊！

帝王的友谊

在“土木堡惨败”后，明英宗朱祁镇沦为瓦剌人的俘虏。但据《明史》中记载，无论处于怎样危险的遭遇下，在凶狠的敌人面前，朱祁镇都保持着大明天子的高贵气度。

而淡定的朱祁镇，也有一次载入历史的“失态痛哭”。一次他的侍卫袁彬身患重症，昏迷不醒。朱祁镇焦急万分，在百般医治无效后，朱祁镇趴在袁彬身上，放声号啕大哭起来。没想到这一哭，却把一只脚已经迈进鬼门关的袁彬硬生生地给“哭”醒了。

朱祁镇被俘后，因瓦剌连遭败绩，朱祁镇又渐无价值，居住条件更恶劣，一刮风就漏风，冻得他哆哆嗦嗦。安置他们的地方却有个别样的名字：苏武庙。那些日子里，朱祁镇、袁彬、哈名、狐狸沙尔，四个患难与共的主仆，就在苏武庙的破帐篷中，忍受着呼啸的寒风，相互依偎在一起，相依为命。

不死之身明英宗

按照各种史料的说法，“土木堡惨败”后沦为俘虏的明英宗朱祁镇，是个死了许多次没死成的人。瓦剌可汗也先想用剑砍死朱祁镇，结果剑断了；想把朱祁镇扔到水里淹死，结果朱祁镇浮了起来。而《黄金史》和《明史》也都有一个“巧合”的记录：也先想半夜偷偷杀死朱祁镇，没想到天上打雷，把也先的马给劈死了。一来二去，也先终于相信朱祁镇是真命天子，从此不敢加害。

敌人也感动

“北京保卫战”胜利后，大臣杨善出使瓦剌，软硬兼施，终于成功要回了明英宗朱祁镇。而完成任务的杨善，更亲眼看见沦为囚徒的朱祁镇在蒙古草原的“人气”。

先是宴会上，瓦剌可汗也先的弟弟伯颜帖木儿对朱祁镇甚为恭敬，甚至向杨善提出了哭笑不得的要求——朱祁镇回去后，景泰帝朱祁钰必须把皇位还给他。而送行的时候，伯颜帖木儿更亲自护送千里，直到大明边境。临别的一刻，这位戎马一生的硬汉子，面对朱祁镇泪如雨下，依依惜别。而伯颜帖木儿刚走，也先的另一大将昂克又追来了——原来他猎到了一只獐子，特意纵马驰骋千里，前来进献给朱祁镇。沦为囚徒的朱祁镇，他的气度与亲和力不但感动了朋友，也感动了敌人。

执子之手，与子偕老

如愿回家的明英宗朱祁镇，被在位的景泰帝尊为“太上皇”，其实却是被百般提防。连基本的生活都无法保障，与他相依为命的，正是在家苦苦等候他两年的钱皇后。

朱祁镇被俘后，钱皇后先是拿出私房钱，送到也先处赎人，却人财两空。而后她天天跪地祈求上天，保佑朱祁镇平安，结果腿因此跛了，眼睛也为此哭瞎了，等朱祁镇回来时，她已成了一个瘸腿瞎眼的老妇。但朱祁镇却毫不在意，夫妻二人相亲相爱，相守度日。两人的日常花销甚至要靠钱皇后天天纺纱，卖钱度日。而受命在南宫监视朱祁镇的特务们也经常看到感人的一幕：不管钱皇后走到哪里，朱祁镇都陪在身旁，牵着钱皇后的手。这对中国历史上著名的患难夫妻真正演绎了“执子之手，与子偕老”的美好。

两大善举

在南京度过了几年被软禁的生涯后，明英宗朱祁镇趁景泰帝病危的机会，在徐有贞等臣子的拥立下成功复辟。再度君临天下的他，由于杀害了“北京保卫战”的大功臣于谦而被后世诟病。但二度执政时期，明英宗却也做了两件好事：一是实行“优老之礼”，全国七十岁以上的老人，国家每年都要发放粮食供养，九十岁以上的老人加倍；六十五岁以上的老人免服任何国家差役。这是世界上最早、最细化的“国家养老政策”。第二件事却是他临终时候的遗言：废除中国流传千年之久的野蛮殉葬制度。

爱叹气的皇帝

明宪宗朱见深自从登基后，给群臣的最大印象便是爱叹气。他天生口吃，少年时代历经磨难，养成了外柔内刚的性格，遇到有疑难的国家大事，必然当着大臣的面叹气。

他即位刚一个月，广西大藤峡就发生叛乱，朱见深看了奏折后，当场叹息一声。他即位的第二年，荆襄又发生了流民暴乱，他还是叹气。甚至有时候朝臣在他面前发生争论，要他裁决，他一样只是叹气。但在位二十三年里，最能惹他叹气的事情，却只有一件——水旱灾害。

《明实录》里记载，每当朱见深听说闹灾的消息后，就会叹息不已。如果有关部门赈灾速度迟缓，他就会更加叹息不止。后人诟病他设置“皇庄”，并在内宫开设“小金库”——内帑，其实他“内帑”中的存银，相当多都被用来赈济灾民了。

他执政二十三年里共减免灾区税粮一千九百多万石，平均每年近百万石，这还仅仅是“官田”的减免数字，就已是明朝历代最高。即使是批评他最多的明史典籍《罪惟录》中，也称他在位期间，老百姓的生活“幸斯小康”。

皇上要打人

朱见深让大臣们感到欣慰的一点，就是脾气好。群臣进谏不管说话多难听，他总能耐心听。大臣犯了错，也极少被重罚，更不像前任皇帝那样动不动就杖责。但凡事也有例外，比如宦官怀恩一次曾劝阻朱见深，请他赦免因抨击朱见深崇佛而下狱的御史林俊。朱见深怒从心头起，当场随手抄起一块砚台朝怀恩砸去。若不是怀恩躲得快，肯定被砸得满脸花。

不搭腔也是错

大多数时候，朱见深都还算是好脾气的。但他好脾气的方式有时候却比坏脾气更让大臣们受不了。比如大臣们当面向他提意见的时候，他虽然能控制住脾气，却常常“非暴力不合作”，任对方说得如何天花乱坠，自己却打死不搭腔。按照俗话说，就是个“闷葫芦”，搞得大臣们直憋气。御史陈音看不下去了，为朱见深上“奇文”一篇，文中指责说：皇上您虽然经常听我们说话，但是却从不向我们发问，而勤学好问才是学习的优良传统。希望皇上您能够每天抽出时间来，找几位饱学之士，向他们提问题，这样咱大明江山就能稳固了。“奇文”送上去，朱见深依然“闷葫芦”。

皇上会武术

平和好脾气的朱见深，却也有个特殊的爱好：练武。他做太子的时候，就曾学过骑射。做了皇帝后，也喜欢去皇宫西苑，欣赏御林军的操练。但欣赏的结果，却是越来越失望。成化九年（1473年）四月十二日，他把京营所有的军官召集在一起表演骑马射箭，结果绝大多数人箭箭脱靶，武功水平极其拙劣。

如此低水平的表演，好脾气的朱见深也受不了了，当场大骂说：有你们这群人带兵，能教育出好兵来吗？结果有四十六名军官当场被“炒鱿鱼”。半年后朱见深再来考察，依然有九名军官箭箭脱靶。虽然总体有所进步，但朱见深依然不满意。此后终其一生，他再懒得看京营操练。

你是我的心灵支柱

朱见深的另一件“八卦”事，就是他专宠年长他十九岁的贵妃万贞儿。据说这位万贞儿岁数大不说，相貌也极难看，说话声音更像个男的。如此人物怎么得到朱见深宠信的，不同史料说法不一。但《明史》上的一段对话却足以说明原因。朱见深的母亲周太后问他：儿子啊，这个姓万的女人，岁数大，长得丑，你干吗喜欢她啊？朱见深答：其实我也不知道为什么，但只要和她在一起，我的心就特别安定。

“爱护动物”的明孝宗

明孝宗朱祐樘的两个公认优点就是节俭和仁慈。但这两个好品质放在一起，有时候却也闹“雷事”。比如他登基后，开始叫停朱见深时代的种种享乐活动，但有个事情犯了难：朱见深还留下了一些珍禽猛兽，这些动物怎么处理？喂着吧浪费粮食，杀了吧又太残忍，放出去吧还会伤害人畜。朱祐樘答：那就不给喂食，让它们自己饿死好了。

奸臣办好事

明孝宗用人，一个重要的特点，就是许多以前被看作奸臣的人物，在他的手下反而成了能臣。典型如朱见深在位时期的佞臣刘吉，朱见深时代，他就是内阁大学士，除了善于排挤同僚外，他最主要的工作，就是逢迎拍马。当时明朝官场上送他的绰号叫“刘棉花”，意思是脸皮厚，不怕骂。

明孝宗朱祐樘登基后，开始励精图治，刘吉也摇身一变，经常上书建言国家大事。而看重他能力的朱祐樘，不但没有清算他，相反留用他为内阁首辅。他担任首辅时，虽然也有打击陷害言官等恶行，但最重要的贡献，就是不费一兵一卒解决了哈密问题。

当时哈密被吐鲁番侵占，明王朝上下意见不一，刘吉提出了“闭关绝贡”的手段，即对吐鲁番进行经济封锁，逼迫其主动交还哈密。事后果然奏效。他的功劳，也恰应了一句俗话：恶人自有恶人磨。

皇上给你钱

朱祐樘得到后世称颂的，除了他的勤政与人品外，就是他对文臣的优礼。比如他极其信任的左都御史戴珊，弘治十八年（1505年），朱祐樘接见戴珊时，特意赠给他一锭白银，并解释说：这一点钱，多少能够表彰戴珊的廉洁。皇帝给臣子送钱，明朝并非首例，但仅为表彰道德则确为首例。戴珊晚年，多次请求退休，朱祐樘对戴珊说：我把天下大事交给你，就像对待家人一样，而今太平盛世尚未实现，怎么能说走就走呢？闻言的戴珊流泪说：我只有死在任上了。

外语学霸正德帝

贪图玩乐的明武宗朱厚照，其实也是一个非常博学的人。他精通佛教等宗教，甚至通悉梵文、梵语，他除了给自己加过“大将军”尊号外，还给自己加封“佛号”，全名是“大庆法王系觉道圆明自在大定丰盛佛”。朱“佛爷”极其超前的一个本事，就是他的外语天赋，比如葡萄牙使者来朝见时，他只用极短的时间就学会了葡萄牙语，甚至能够和葡萄牙人熟练交谈。

明朝“踩踏事故”

朱厚照被认定是“昏君”的另一个罪名，就是虐待大臣。他所宠信的刘瑾、江彬等宠臣，都曾借助他的权势整治文臣，而他本人，除了责罚过给他提意见的大臣外，还经常给大臣们搞点“恶作剧”。《明实录》里记载，正德十一年（1516年）正旦节，满朝文武依据惯例，去宫内向皇帝朝贺。但朱厚照一看大臣们个个穿得周周正正，就格外地不喜欢。他就故意放大臣们“鸽子”，躲在宫里不出来。

可怜一干文武大臣，从大清早一直站到晚上，个个饿得两眼昏花，见皇帝见不到，走又不敢走。直到天色擦黑，朱厚照才派太监传旨，说皇上今天不来了，大家都回家歇了吧。早就疲累交加的大臣们如遇大赦，连忙争着往家跑，却不想在午门外相互拥挤，竟然有多名大臣被挤倒，发生了明朝版的“踩踏事故”。《明实录》里说，整整一个小时的事故中，大臣们儿子喊爹，属下喊领导，仆人喊主子，惨叫声、呼救声“声彻殿宇”。

事后统计伤亡，右将军赵郎被当场踩死，三十多名大臣受伤，内阁大学士梁储的胳膊被踩断。事后，朱厚照也曾表现悔意，他没有去见大臣，但死者赵郎的葬礼，他曾亲自参加，所有在事故中受伤的大臣，也都得到优厚抚恤和赏赐。

有种你砍我

朱厚照在位期间，史不绝书的另一个政治景象，就是当时文官们的刚直。朱厚照于正德十三年（1518年）北游宣府前，内阁大学士蒋冕曾挡在他的车驾前阻拦。朱厚照拿着宝剑，威胁要杀死蒋冕，蒋冕却慨然回答说：我忤逆了皇上的话，属于有罪，应该被皇上杀死。但面对铁骨铮铮，朱厚照最终没敢动手。

敢和皇帝叫板

一直因为行事荒唐饱受批评的朱厚照，对于大臣，却也有他宽容的一面。除了厚待杨廷和等重臣外，对于许多得罪他的大臣，他非但不恨，相反却非常敬佩。比如他北巡的时候，欲取道宣府去草原地区，但宣府御史张钦拒绝为他打开城门。僵持多日后，朱厚照还是趁着张钦去外地视察的机会，才得以进城。但对张钦，朱厚照非但没有责罚，相反还下旨称赞他“勤恳忠勉”。

后来他南巡扬州，在当地恣意玩乐，扬州知府蒋瑶非但不逢迎，相反处处和他“针尖对麦芒”。朱厚照向蒋瑶索取银两，蒋瑶拿着自己老婆陪嫁的首饰哭穷说：我家里就这些东西，皇上您看着办。朱厚照又向蒋瑶索取当地的特产琼花，蒋瑶反而嘲讽说：琼花这东西我们这里原来有，但自从宋徽宗被抓走以后，它就绝迹了。其实是嘲笑朱厚照是北宋亡国之君宋徽宗。这样一个给他添堵的官员，朱厚照非但不怒，当场一笑了之。事后蒋瑶虽然遭朱厚照的太监挟私报复，被用铁绳子捆在朱厚照的车队里，随朱厚照一直北归到山东临清才释放，但后来却官升陕西参政，再未受任何责罚。后人的史书中，给朱厚照加过许多“贬义词”，但唯独没有人说他是个暴君。

“昏君”的创举

明武宗朱厚照，素来被史家看作“骄奢淫逸”的昏君，可也正是他在位的十五年，做成了两件之前“仁君”们没有做成的事情。

一是江南赋税改革，通过杨廷和主持的赋税调整，改变了自朱元璋起江南赋税过重的局面。从正德八年（1513年）起在江南全面推行的赋税改革，既减轻了江南当地百姓的负担，更使从弘治晚期开始，江南地区拖欠中央累积十年之久的赋税，仅经两年时间就全部还清。国家财政状况大大好转。

二是沿海“市舶司”改革，强化市舶司的收税职能，增加外贸收入，打开了解除海禁的第一步，扩大了政府税源。朱厚照在位十五年，国家的实际财政收入，其实要高于他父亲十八年的“弘治中兴”时代。

“零距离”打板子

嘉靖皇帝朱厚熜在登基之初发布的一个重要的诏令，就是广开言路，鼓励言官大胆进言。但在大多数执政时间里，他对于言论却多采取压制方式。他压制的方式就是“杖责”。

他杖责的方式，是非常“零距离”的，比如嘉靖四年（1525年），云南御史郭楠上奏，要求抚恤“大礼仪”之争中的获罪官员家属。朱厚熜大怒，立刻下令锦衣卫带着大棍，乘快马八百里加急，就为了到万里之外的云南打郭楠二十大板。

嘉靖十三年（1534年），户部给事中张选要求朱厚熜亲自拜祭孔子。恼怒的朱厚熜不但把张选杖责，甚至还特意跑到牢房隔壁，亲自听殴打张选的板子声。嘉靖十九年（1540年），朱厚熜想闭关炼丹，太仆寺卿杨最上奏说：“臣就算被陛下打死，也要上奏劝阻陛下。”朱厚熜看完后立刻说：“那就把他打死吧！”结果，杨最被活活打死。

嘉靖面前不好混

摊上朱厚熜这样的领导，做大臣的想混好是非常难的，朱厚熜执政时代的几位重臣，都有自己一套混事的办法。最早得宠的夏言，最大的特点是做事风风火火，朱厚熜交代做的事，都能以最快的速度做完，而且汇报工作极其简单明了。

但排挤掉夏言的严嵩却更有一手。后人都说他会拍马屁，确实他拍马屁的方式极其特殊：每次与朱厚熜讨论事情的时候，先假装和朱厚熜争论，然后等朱厚熜教育完了，就做幡然醒悟状，再竭力称颂朱厚熜英明。这样做，每次都能给朱厚熜带来智商上的优越感。

而最后算计掉严嵩的徐阶，他的方法则更加高明。他给朱厚熜奏事，每次都是先投朱厚熜所好，大拍马屁，说正事的时候来回绕圈子，绕到最后，却还是拐到自己的主意上，而且基本都能取得朱厚熜的支持。

对联有风险

朱厚熜对待大臣，表面上很亲切，经常拉着大臣拉家常，甚至讨论学问，但就在温情脉脉间，可能稍微一点小错，就会惹得他当场翻脸。

嘉靖二十五年（1546年），朱厚熜一次召内阁首辅严嵩和吏部尚书熊侠，说要一起对对子。他出了个上联叫“阁老心高高似阁。”就这一句，吓得严嵩当场“扑通”跪倒，捣蒜般地磕头，浑身冷汗直冒。

朱厚熜接着冷冷地说：你要是对不出来，我这里倒有一个下联——“天官胆大大如天”。话音未落，旁边的熊侠也紧跟着“扑通”跪下，连磕头的劲儿都没了，浑身哆嗦如筛糠。这个对联连起来的意思就是：做内阁首辅的严嵩，心气太高了，高得内阁首辅这个官都容不下他了；做吏部尚书的熊侠，胆子也太大了，大得都要比过天了——你们两个以后都给我老实点！

严禁随地吐痰

朱厚熜给大臣们的最大印象，就是深沉、刻板。朝臣向他汇报工作的时候，即使是再紧急的坏事，也很少从他脸上看到惊慌与怒气。而即使是天大的喜讯，同样不会从他脸上看到兴奋。

而他的生活同样刻板，按照明朝《起居注》的说法，他是明朝极少每天能保持同一生活规律的皇帝，无论起居、上朝、批阅奏折，都在规定的时间里完成。而他的待人接物更是极具礼仪性，一点生活习惯的错误可能都会引起他的愤怒。在他登基后，明朝皇城有了一个明文规定——严禁在皇城里随地吐痰。

朕和道家有缘

在明朝皇帝中，朱厚熜是一个极度信奉道教的皇帝。他信奉道教的狂热程度，在各类史书中都有记录，而他信奉道教的原因，《明史》把责任归结到朱厚熜执政早期的近侍太监崔文身上去，认为是朱厚熜初入京城时，崔文在皇宫里设立道场，为当时的江南水灾祈福，随后江南水患消解，也从而使时年十六岁的朱厚熜迷上了道教。

而更加贴切的记录应该是《明经世文编》。朱厚熜的家乡湖北安陆，在当时就是道教盛行的地方。朱厚熜的父亲兴献王就是一个虔诚的道教徒，不但与当地的道士交往甚多，更多次向道观捐赠金银。

甚至朱厚熜本人的出生，也与道教有不解之缘。按照《钟祥县志》的记录，朱厚熜降生前，其父兴献王曾梦见神仙下凡，接着就被朱厚熜降生的嗷嗷啼哭声惊醒。而在朱厚熜的整个执政时代里，他都对外宣称自己是神仙下凡。

皇上得了健忘症

朱厚熜为人上的最大毛病，就是记仇。比如早年在“大礼仪”之争中反对过他的大臣杨慎，被他发配云南达35年，期间朱厚熜几乎每年都问：杨慎在云南过得怎么样？每次问的时候，有心保护杨慎的大臣们，都故意把杨慎说得惨兮兮的，听到这些消息，朱厚熜就会露出满意的笑容。

但有时候朱厚熜也健忘，大臣徐阶早年也曾在“大礼仪”之争中得罪他，不但遭到贬官，朱厚熜更在宫殿柱子上刻下八个字——“徐阶小人，永不叙用”。但就是这位“永不叙用”的徐阶，成了朱厚熜执政时期最后一位内阁首辅，并且深受信任。

而被朱厚熜宠信了二十年的严嵩，最后也倒霉在他的“健忘”上。严嵩起初被罢官的时候，朱厚熜曾经下旨，要求官员们不要再弹劾严嵩的罪状，有敢弹劾严嵩及其家人罪行的，要一律治罪。

但仅仅一年后，严嵩的儿子严世蕃在家乡犯事，遭御史林润弹劾，朱厚熜勃然大怒，立刻将严世蕃判了死刑。同样倒霉的还有抗倭名将胡宗宪。嘉靖四十一年（1562年）严嵩罢官，身为严嵩党羽的他本应受株连，朱厚熜因他抗倭有功，下旨说“宗宪非严党”。但仅过三年，胡宗宪就被论罪下狱，为求清白，他自尽于狱中。其实健忘和记仇，都是缘于朱厚熜的一个性格——小心眼。

天生软心肠

隆庆皇帝朱载垕，登基前做了30年裕王，期间最大的爱好便是吃驴肠，逢年过节的时候，必然要有驴肠这道菜，遇儿子出生这类喜事时，也要吃驴肠庆祝。甚至好多次碰到愁事，以至长吁短叹的时候，他也要靠吃驴肠来消愁。可在他登基后，一次偶然路过御膳房，听到里面传来驴子的惨叫声，召来厨子一问才知道，原来驴肠这道菜，做法十分的残忍。朱载垕随即下旨，从今往后，再也不要给他做驴肠吃。此后一直到他六年后驾崩，他再没吃过驴肠。

皇帝太委屈

比起父亲嘉靖帝朱厚熜来，即位的隆庆帝朱载垕，因为他用人得当，朝廷内人才济济，国家经济全面恢复，外患消弭，军备振兴。他在位的时期，是后世公认的明朝“隆万中兴”的开始。

但他本人，却是一个挨骂非常多的皇帝。骂的内容主要有两个，一是说他懒，比如御史郑履淳就曾写奏折批他，质问说：皇上在位三年，曾经召见过大臣吗？曾经亲自主持筹划过国家大事吗？您对奏章的批复，是您自己写的吗？而骂他好色的更多，除了他那些具体行为外，有些言官甚至捕风捉影，比如御史蔡汝贤就曾上奏说：皇上您这两天瘦多了，肯定是经常宠幸女人，您可不能这样啊。

对这些骂他的奏折，朱载垕大部分时候还是很宽厚的，大多数的奏折，他既不惩罚上奏官员，也不批复，基本都“留中”了。少数例外的，比如蔡汝贤的那份奏折，他还特意批复了，在批复中回答说：我这两天真的没有宠幸贵妃，我瘦确实是因为干工作累的。

天子的银库

登基后的朱载垕，面对的是朱厚熜留下的烂摊子。北方鞑靼部落持续进犯，国家财政严重紧张，他登基早期，国家粮仓里的存粮，仅仅足够支用一个月。他登基后的种种举措，后人称赞比较多的，包括有停止各类道教活动，带头恭行节俭、遏制兼并、平反冤案等。

这些措施大多是对朱厚熜在位中后期种种过失的补救。而他做的最重要的两个事情，一是整顿军备，二是开放对外贸易。这位被看作“软弱”“温和”的帝王，对于军备却极为重视，他登基后的第二天，即下诏书给明朝九边边镇，希望各个边镇通力合作，早日打大胜仗。

也正是他在位时期，抗倭名将戚继光北调蓟州，加强北部边防。另一位后来的名将李成梁，也正是在他即位的第一年被提拔为辽东总兵的。隆庆三年（1569年），他还在皇宫举行了明王朝历史上最盛大的阅兵仪式。明朝武备的重振，确实从他开始。

而在开放海外贸易方面，朱载垕的举措，就是历史上的“隆庆开关”。对于朱元璋的“海禁”祖制，表面上他并未违反，而是在福建月港开设“经济特区”，允许沿海商民经此地出海贸易。之后的几十年里，福建月港迅猛发展，号称“天子东南银库”。更直接的世界意义是：西方历史学家认定，从那以后直到明朝灭亡，世界上三分之一的白银都让中国赚走了。月港，在欧洲商人的说法里也有了个绰号：银泵。

躁脾气海瑞

朱载垕经济改革的突破口，放在了富庶的应天地区。标志性事件，便是任命大名鼎鼎的直臣海瑞就任应天巡抚。而后，便闹出了著名的“海瑞罢官”风波。海瑞到任后，在当地遏制兼并，惩办豪强，兴修水利，推行新政，连退休阁老徐阶也被整得七荤八素，也终于闹得朝野震动。

但对这事，朱载垕却采取了理性的处理措施：既下诏表彰海瑞，支持了海瑞的新政改革，又以调任海瑞做南京粮储的方式，及时叫停了海瑞的过激行为，确保了地方稳定。但海瑞本人却气炸了，不但辞官抗议，还上了一份奏折，指责朝野官员“皆妇人也”。

面对如此激烈的攻击，首辅李春芳哭笑不得，不由自嘲说：“那我应该是个老太婆吧。”朱载垕得知此事后，也顺带调侃了下李春芳：国事艰难，你这个老妈子可辛苦了。

我可不学爹

朱载垕经常被言官批评不干活。他执政的六年里，明朝政坛的主要景象，就是官员之间拉帮结派，相互争斗。但对这个问题，朱载垕不是不知道，一次他询问张居正说：听说现在朝中有很多党，你是属于哪个党啊？张居正答：君子不党，让他们吵去吧。

朱载垕听了很高兴，也大手一挥：对，让他们吵去。隆庆四年（1570年），长期侵扰明朝边境的鞑靼可汗阿勒坦，和明朝商谈“封贡和议”，也就是明朝册封阿勒坦，双方开放贸易，停止战争。

这个决策当时在明朝朝野引起震荡，支持派和反对派吵成一团，大臣们请朱载垕来拿主意，朱载垕答：你们商量着办吧，商量好了报给我。我可不想学先帝（朱厚熜），天天干活还挨骂。

皇上有点懒

仁厚皇帝朱载垕，最让大臣们诟病的缺点，便是“懒”。一是常旷工，动不动就下旨“免朝”，也就是歇班。二是上班后常偷懒，坐朝的时候常“临朝渊默”“未尝发言”，也就是发愣犯呆。

照着《国榷》里的评价说：朱载垕和他爹最大的区别，就是他爹（嘉靖帝）虽说不上朝，但擅长拿捏群臣，闹得大家即使见不到皇帝，也常紧张兮兮。朱载垕却是即使上朝也常发呆走神，大臣们反而精神放松。

但比起上班来，朱载垕的业余生活，却是十分丰富多彩，一是喜欢收集奇珍异宝，而且各地上贡的珠宝，他还喜欢亲自查验鉴定，辨别真伪，还曾因为鉴定珠宝不合格，罚了户部官员半年工资。二是好色，除了密集宠幸嫔妃外，还多次在民间大选秀女，甚至闹出了“诈骗事件”：一个叫张进朝的太监，在湖北某地诈称替朱载垕选秀女，吓得当地百姓纷纷嫁女。该太监借机大肆敛财，整整两个月，共诈骗白银十八万两，折合人民币六千四百多万元。

师徒情义深

朱载垕最信任的人，当属内阁大学士高拱。高拱在他做裕王时期，就曾是他王府里的讲官，二人建立了极深厚的感情。他登基为帝初期，高拱在徐阶的排挤下一度罢官回乡，朱载垕还特意派最亲信的宦官随行护送，一路照料高拱的饮食起居。

一年后高拱复职，每逢疑难大事的时候，只要高拱来了，愁眉不展的朱载垕就一定会喜笑颜开。他经常说的一句话就是：我相信先生（高拱）一定会有办法的。

隆庆六年（1572年）正月，身染沉疴的朱载垕召见两位辅政大臣——高拱与张居正。面对病入膏肓的皇帝，两位大臣号啕大哭，但朱载垕却特意把高拱叫到身旁，张开胳膊对高拱苦笑说：先生你看，我身上的创伤，一直都没有落疤呢。然后朱载垕强撑病体，带着两位大臣巡视乾清宫，整个一路，张居正在后面跟着，而高拱则挽着朱载垕的手走在前面。

回到寝宫前，按照惯例，皇帝应该休息，大臣应该告退，然而张居正告退了，朱载垕却依然拉住高拱的手不放，对高拱说了句“送朕”，说此话的时候，君臣二人都眼含热泪。中国历史上，这是一对难得的心心相知终生的君臣。

最得百姓心

朱厚熜和朱载垕父子，他们执政的成就，从他们过世时百官以及民间的态度就可看出。朱厚熜过世时，按照明朝人笔记里的说法，民间百姓，居然还有自发放爆竹庆祝的。而朱载垕则不然，噩耗传来的时候，许多大臣都哭得稀里哗啦。高拱在聆听遗诏的时候，当场就放声大哭，完事后走到宫门外，又忍不住大声号啕起来。曾经写奏折骂过他的言官詹仰庇，在家哭到昏厥。河北肃宁县的百姓们，在他登基初期，曾经由他下旨，发还了被宦官侵占的土地。在他死讯传来时，肃宁当地官民百姓向朝廷上奏，要求为他立庙纪念。并说噩耗传来时，家家都啼哭不已。

这位被后人认为软弱的皇帝却颇得民心。

万历皇帝会来事

童年时候的万历皇帝朱翊钧，是个极其早慧的孩子。他被立为太子，是在隆庆二年（1568年）。那年有一日，其父朱载垕在皇宫里骑马，六岁的他看到了，立刻大喊：父皇是天下之主，慢着点，别摔着。

就这一句话，令朱载垕当场心花怒放，下马跑过来，把他搂在怀里拼命地亲。几天之后，他就被正式册立为太子。

他的母亲李氏，并非朱载垕的正房，他做太子后，后宫之主是没有子嗣的陈皇后。每次他探望陈皇后时，说话都极为乖巧，深得陈皇后欢心。后来每当他来看望皇后，陈皇后就算生着病，也拖着病体来见他。

我想死师父您了

朱翊钧和他的首辅大臣张居正，也曾有一段师徒情深时期。朱翊钧在位的前九年，几乎每年都对张居正的父母厚加赏赐，在跟随张居正读书时，对张居正也同样毕恭毕敬，礼遇有加。

有一件小事也说明了他与张居正当时的亲密感情。一次张居正犯了腹痛病，朱翊钧闻讯后，亲自下厨做了一碗辣面，并且特意嘱咐送面的大学士吕调阳，一定要亲眼看着张居正吃下去。张居正病体痊愈，重新回来“上班”时，喜得朱翊钧直接从龙椅上蹦起来，拉着张居正的手说：可想死我了，想死我了。

你要给我做个证

朱翊钧执政时期，最为人诟病的，就是他的懒惰怠政。不但后世史家多有批评，当时的官员也常有弹劾，而事实是，朱翊钧本人也十分在意这个评价。

就在他过世的万历四十八年（1620年）三月开初的时候，他特意召见内阁首辅方从哲，先讨论了一下国家大事，然后就絮絮叨叨地诉苦，说自从萨尔浒兵败以来，他日夜忧心，以至于积劳成疾，经常拉肚子，脚部也浮肿，坐着都困难。

怕方从哲不信，他还撸起袖子给方从哲看，说不信你看看我胳膊，都瘦成啥样了。方从哲一边听，却也不敢说话，最后朱翊钧还当着方从哲的面，特意嘱咐身边的司礼监太监：我每天都是怎么勤奋工作的，你要详细说给方大人听。

莫欺万历不上朝

亲政后的朱翊钧，最出名的事，是几十年不上朝。但即使不上朝，国家大事他也不糊涂，最大的本事就是会用人。群臣曾建议从朝廷大臣里选派封疆大吏，却被他一顿批，说没上过战场的京官怎么能戍边？甚至还曾下令，只要是人才，可以破格越级提拔。

后来在青海立下边功的郑洛，便来自他的慧眼识英才。而且一旦决定用谁，朱翊钧的态度便十分坚定，哪怕周围各种构陷弹劾，也从不为所动。

他任命李如松提督辽东，任命徐贞明开垦京郊农田，都招来反对声一片，弹劾奏章满天飞。朱翊钧却从不动摇，相关弹劾一律压住：天塌下来朕顶着，你就给我放心做事。事实证明，他都对了。

甚至连民生细节问题，朱翊钧也很明白。内阁大臣们曾奏请在京城开发水田，各位臣子们妙“口”生花，把开发水田的美好前景说得天花乱坠。朱翊钧耐着性子听半天，最后吐槽一句：南方气候温和，北方气候干燥，要是碰上干旱，水田怎么办？就这一句话，令各位“能臣”顿时哑火，一场开发闹剧也就及时叫停。

艺术大师朱由校

天启皇帝朱由校，公认的一个绰号便是“木匠皇帝”。照着后世民间的通俗说法，这皇帝不理朝政，就喜欢干木匠活儿。

“不理朝政”这条有待商榷，但无可争议的却是天启皇帝在木匠行业里无与伦比的工艺水平。他曾经开动脑筋，照着同时期太监刘若愚的《酌中志》，把大木桶改装成人工喷泉，场面非常华丽。

他还曾经亲自设计出一种全自动折叠床，不但重量极轻，抬举轻便，而且里面有机关，可以用机关操纵随意折叠，堪称17世纪的“变形金刚”。而且皇宫里诸如油漆、打磨等各类活计，天启皇帝更是亲自上阵，全程参与。

对于他的工艺水平，人民群众也特别买账：他曾命太监徐元文把他的木工产品拿到京城工艺品市场匿名出售，一下子引起轰动，有的产品居然卖到了三万两白银的高价。

朕其实全都明白

朱由校在位时期最著名的事件，便是宦官魏忠贤专权。后人说起魏忠贤干过的坏事，常说他“矫旨”，也就是说，他干的坏事，全是假借天启皇帝朱由校的名义做的。然而天启七年（1627年），就是朱由校病逝前十天，朱由校还强撑病体，视察内阁，并说魏忠贤做过的一切，都让他非常高兴。自始至终，他都对魏忠贤保持着绝对的信任。

乱拍马屁倒靠山

朱由校在位仅七年，二十三岁那年就过世。关于他的死因，《明史》上认为，真正的导火索是一次游玩。天启七年（1627年）八月，朱由校和太监王体乾、魏忠贤等人一起乘船饮酒，突然一阵大风刮来，朱由校失足落水，后虽被救起，却夜夜咳血不止。

这种病按照现代医学说法，叫“肺积水”。而后，尚书霍维华进献“神药”，美其名曰“灵隐露”，其实就是米汤。喝了没多久，朱由校病情加重，全身起了水肿。

八月十一日朱由校召弟弟朱由检进宫，遗言说：弟弟啊，你一定要做个像尧舜一样的圣君啊。而后病逝。按照《起居注》的记载，朱由校患病的这些天里，除了“神药”外，从来没有服用过太医的药方。换句话说，他是被耽误死的。

进献“神药”的霍维华，是阉党魏忠贤的铁杆亲信，他也许没想到，正是自己的乱拍马屁，毁掉了他们的最大靠山。

“名侦探”崇祯

崇祯帝朱由检公认的缺点，就是猜忌大臣，事实上他不止猜忌大臣，他几乎猜忌一切人，包括与他朝夕相处的老婆。

《明实录》记载，一次，朱由检极其宠爱的田贵妃，为朱由检演奏了一首小曲，乐得朱由检心花怒放，但随后朱由检脸色突然阴沉，然后很认真地问：你弹小曲的本事是跟谁学的？田贵妃答：我妈。朱由检立刻说：那就请你妈明天也来宫里弹一曲吧。

第二天，田妈妈真来宫里演奏了一曲，朱由检这才高兴起来。原来，田贵妃是扬州人，朱由检从田贵妃会弹小曲，就怀疑田贵妃有可能是出身扬州青楼的妓女。放在今天，朱由检很适合做一位优秀的推理小说家或者是私家侦探。

翻脸像翻书

朱由检用人，一个突出的特点是，他信任大臣的时候是真信任，简直要什么给什么，但翻脸也往往比翻书快，而且让他翻脸的，也经常是一些小事。

比如在与农民军作战中功劳卓著的卢象升，原本极被崇祯信任，卢象升行军打仗时，崇祯多次派太监向他赏赐衣物、御酒，卢象升后来就任宣大总督后，朱由检还曾写诏书，下令全国的“军区”都向卢象升学习。卢象升也不负所望，多年以来他作战勇猛，多次击败农民军，为明王朝稳住了局势。

可崇祯与他翻脸，却只因他一句话。崇祯十一年（1638年），清军破关南下，兵临北京，卢象升受命统军抗敌。当时朱由检有了和清廷议和之心，本想和卢象升商议，但卢象升回答：我只知道带兵打仗，这类事我不掺和。

就这一句话惹恼了崇祯，不但扣下了该拨给他的兵马，更派太监掣肘。结果孤立无援的卢象升，仅带五千兵马与清朝数万八旗军血战巨鹿，最后壮烈殉国。

另一位曾经打得李自成只剩下十八人，并活捉农民军首领高迎祥的孙传庭，更因小事得罪崇祯，不但遭下牢狱，甚至被折磨至耳聋。历代帝王，最过分的事情莫过于卸磨杀驴，朱由检的做法却是——磨还没拉完，就先杀驴。

贪腐反不动

初登基的时候，崇祯热火朝天，打算掀起一场轰轰烈烈的“反贪风暴”。崇祯元年十一月，户科给事中韩一良上《劝廉惩贪疏》，揭发了当时官场贪腐横行的景象。崇祯阅后十分高兴，将韩一良提拔为吏部尚书。

这位韩一良先生，家里穷得叮当响，更因为拒绝行贿，科举的时候屡遭打击，考了五次才中进士。天启年间，更因拒绝巴结魏忠贤遭到打压。这样一个廉政模范，站出来抨击贪腐，在一心想整顿官场的崇祯看来，恰是最好人选。

谁知事与愿违，韩一良的奏疏上去，就引得“官愤沸腾”，连韩一良本人也害怕了。而后崇祯亲切接见韩一良，鼓励他指证朝中的贪腐分子。此君吭哧了好几回，却连个子丑寅卯都没指出来，气得崇祯只能让他罢官了事。一场本来热火朝天的“反贪运动”，就这样不了了之。

到底有多腐败

崇祯一辈子最恨腐败，可是他至死也想不到，他曾经无比信任的那群大臣们，究竟有多腐败。仅说他最后信任的几位大学士：内阁首辅陈演，平日奏对的时候最讨他喜欢，几乎每句话都能说到他心坎里。可是李自成攻陷北京后，此君带头投降，一口气给农民军送了四万两白银，引发了农民军将士们的浓厚兴趣，接着就是一顿追赃拷打，才发现他家宅的地下，埋的全是白银。

另一位内阁大学士魏藻德，以文采和辩论著称，是崇祯十三年的状元郎。崇祯曾经下令百官捐钱助饷，魏藻德指天指地发誓，说自己为官清廉，家里真没什么钱，还真个把崇祯感动了，闹得“助饷”运动草草收场。但李自成打进来后，可就没这么容易感动。早先他为了向李自成表忠心，义正词严地当着农民军面大骂崇祯无道，结果李自成手下大将刘宗敏上来就抽他一顿大嘴巴：你当三年官就升了首辅，崇祯有什么对不起你的，你竟敢说他无道？而后又是一顿严刑拷打，竟逼他交出了好几万两白银，最后被打死在狱中。临终前他悲怆高呼：我之前没有给崇祯皇帝尽忠，才有了今天的下场，真是后悔也晚了啊。

反腐抓错人

随着时间的推移，官场的贪腐风气，让崇祯越发恨得咬牙切齿。

崇祯十三年，他问大学士薛国观：怎么惩治腐败？薛国观回答说：如果厂卫特务能加强监控，谁还敢腐败？崇祯拍案叫绝：好主意。

而后雷厉风行，东厂锦衣卫大批出动，密切监视文武百官，效果也立竿见影：户部尚书孙居相因为私人信件中有“国事日非”四个字，立刻被逮捕流放；左都御史刘宗周反对这种特务行径，也被革职为民；行人司副熊开元因为言语触怒崇祯，更被锦衣卫逮捕下狱。

但这几位落马官员其实都是冤枉的：孙居相在万历年间就出任知县，治理地方颇有政绩，天启至崇祯年间多次出任都察院和户部等各类官职，以忠诚干练著称。刘宗周是一代儒学大师，为人更刚正不阿，南明时代殉国于抗清战争中。熊开元早年担任崇明知县时，就以廉洁奉公出名，后来南明覆亡，他宁愿出家为僧隐居，也绝不效忠清王朝。一心反贪的崇祯，一口气把几位模范标兵都“反”掉了。

征了多少钱

整个执政生涯里，崇祯都缺钱，后人诟病极多的，便是明末的横征暴敛，闹得各地揭竿而起。其实有名的“辽饷”，在之前的天启年间虽然成为常赋，但并未加征，相反明朝还曾多次减免各地钱粮。

但崇祯三年起，崇祯下令增加“辽饷”，数额提升了三成。然后崇祯十年，又开征“剿饷”，包括每亩田赋加粮六合，外加裁撤驿站节省的银两，总计二百八十万两。崇祯十二年又加“练饷”，全国田土每亩加赋银一分，总计七百三十万两。这三笔赋税，便是后世公认的明末老百姓的沉重负担：“三饷”。

其实崇祯自己也明白，税征多了老百姓受不了。崇祯十年他还特意下诏书解释，说大家就苦这一年。结果战事越来越恶化，后几年越征越多，大家也就继续苦下去。但崇祯不明白的是，这赋税重不重，关键不在账面数字，而是所有的钱，都只是一群人在买单：农民。

眼光有问题

崇祯自尽前的遗言之一，就是“诸臣误我”，但崇祯也许不知道这些事情：

被他认为“抗敌不力”的卢象升，壮烈战死在巨鹿。

被他下狱迫害到耳聋的孙传庭，战败后慷慨自尽，为大明尽忠。

被他赶回家的刘宗周，最后率领一支民团，抗击清军南下，被俘后英勇就义。几乎所有在明末清初慷慨就义的忠臣，都是他不待见的人。

而他高官厚禄恩养到最后的大臣们，大学士魏藻德等人最早卖身投靠；蓟辽总督洪承畴，在松锦会战失败后投降，而远在北京的崇祯，居然认为洪承畴已经殉难了，还隆重举行仪式表彰。最后陪他上吊的，仅有一个宦官王承恩。

君王死社稷

崇祯帝朱由检在煤山上吊后，李自成验看他的尸身，发现崇祯外面穿龙袍，里面的衣服却尽是补丁。他死前的遗言，除了指责百官误国外，更告诉李自成，“一切都是我的错，不要伤害百姓”。

而在他死后第三天，也就是1644年3月25日，北京东华门外数千百姓啼哭，请求李自成厚葬崇祯。最后李自成按照帝王礼节操办了崇祯的葬礼。

葬礼之上，朱由检原先的重臣们，只敢远远观望，没有一个敢靠近的，唯一一个给朱由检哭葬的，只有兵部主事（六品小官）刘养贞。如此种种，皆让胜利者李自成嗟叹不已，以至于他登基后的诏书里还特意说：崇祯皇帝朱由检并不是一个昏君，即使他被所有的大臣孤立，依然做了许多好事。

明朝好公务员生活报告

功臣都惹不起的知府

朱元璋年代的地方官，十分难做。且不说战乱过后，百业凋敝，工作压力极大。外加明初功臣多跋扈，勋贵子弟作恶不断。而在这时期，偏也有个强硬的知府：临淄知府欧阳铭。

常遇春北伐的时候，大军路过临淄，士兵们在当地大肆打砸抢烧，祸害地方。欧阳铭闻讯后，立刻率领衙差，将闹事士兵当场杖责。这下可捅了马蜂窝，常遇春闻讯后杀气腾腾赶来，大刀片子横在欧阳铭面前。欧阳铭却全然不惧，愤然怒斥说：你的军队是皇上的军队，我的老百姓也是皇上的子女，老百姓打人都要治罪，我打你的兵有什么错?

一番慷慨陈词，最后竟逼得常遇春当场谢罪。后来徐国公徐达也路过临淄，行前特意告诫士兵们说：临淄那个知府，是当初打了常遇春的，你们都给我老实点，犯到他手里我也没办法。

哪都能治理好的费震

在朱元璋执政早期，明王朝还有一位公认的“最牛地方官”—— 费震。他的特点是：哪里最穷最乱，就把他派到哪里，而他也总能把那些最穷最乱的地方治理成欣欣向荣的乐土。

而他的工作方式，一是善于发现细节。比如他就任陕西参政的时候，刚到任就碰到了土匪侵扰，把官仓粮食给抢夺一空，可他却一不追查二不剿灭，相反发布公文，规定凡是借官仓粮食的百姓，可以分两年还清。结果布告刚下，土匪们就来自首了。事后费震解释：这群土匪只抢粮食不抢钱，显然是没有饭吃的百姓。

二是他比较会创新。他是中国官场上第一个创造“义务劳动”规定的官员，凡是他担任地方官的府衙，衙门官吏除了日常工作外，每个月还都有定额任务，必须要给当地的孤寡百姓完成规定时间的义务劳动。他在朱元璋执政年代里，一共做了十二年官，但这十二年里，他几乎跑遍了中国所有的省份——哪里闹灾，就派他到哪里去。

不怕锦衣卫的许成

永乐皇帝朱棣，“靖难”夺权后的一大劣迹，便是用极残酷手段，屠戮建文帝时代的大臣，但他有时候也很仁慈—— 仁慈地杀。

比如对驸马梅殷。梅殷是明朝开国功臣梅思祖的儿子，朱元璋的女儿兴国公主的老公。朱棣打到南京的时候，梅殷正奉朱允炆之命，带兵镇守淮安，闻听京城告急，立刻率兵往回赶，等赶到京城的时候，却正好赶上朱棣占领南京，登上皇位。对待这个手握重兵的梅殷的威胁，朱棣拿兴国公主做要挟，由兴国公主写信劝梅殷投降。梅殷阅信后大哭一场，为家小安危，又听说朱允炆已死，只得违心就范。

梅殷归京后，朱棣亲自迎接，很温馨地说："驸马辛苦了。"梅殷却不软不硬地回答说："我没建什么功劳，谈什么辛苦。"就这一句话，令朱棣杀心大起。三年以后，一次梅殷入朝开会，被都督谭深与锦衣卫指挥使赵曦，拦路殴打并推入水中淹死，对外却宣称梅殷"失足落水"。

不巧的是，恰有一个叫许成的都督同知亲眼目睹了案发经过，虽明知这其中大有隐情，但刚直的许成依然在上朝的时候原原本本地向朱棣陈述了梅殷之死的经过。一时间朝野哗然，梅殷的妻子兴国公主，更天天跑到宫里哭闹，要朱棣还他丈夫。

被吵得头大的朱棣，只得下旨处斩谭、赵二人，并给梅殷的两个儿子加官进爵，这才平息此事。值得一提的是，仗义执言的许成，不但没有受到朱棣的责罚，相反此后还成为他的亲信部将，朱棣后来三次远征漠北，他皆有参加。朱棣过世后，他受命随同侯爵陈懋带兵提前回京，确保了明仁宗顺利接班。

清贫尽职的账房先生

作为整个永乐盛世的账房先生——户部尚书夏原吉，曾是个差点被朱棣砍了脑袋的人。“靖难之役”的时候，夏原吉曾做过朱允炆的“采访使”，尽心竭力为朱允炆筹措粮草，朱棣占领南京后，他被人绑了送到朱棣面前。朱棣问他知罪吗？夏原吉慨然回答说：臣知罪，但是户部还有些账目没算完，您就是真要杀我，也等我把工作干完行吗？就这一句话，朱棣立刻赦免了夏原吉，更随后委以他重任。

除了善于理财，主持了永乐时代几次重要的经济改革外，夏原吉得到的最主要评价，就是“古大臣风烈”，也就是道德高尚。他的为人极其厚道，平江伯陈宣看他不顺眼，经常在朱棣面前说他坏话，但是夏原吉却反而经常赞扬陈宣的才能。他有一次在家办公，仆人不小心把文件弄湿了，这在明朝是死罪。本来可以处置仆人的夏原吉，反而自己去找朱棣请罪。

他最被人称道的就是清廉，永乐十九年（1421年），朱棣图谋第三次北征蒙古，而夏原吉却竭力反对，他的理由是国家没钱。盛怒的朱棣当场将他下狱，并下令抄他的家，结果在他的家中，不但没找到金银财宝，反而只有几件破布衣服和瓦器，生活极其穷困，朱棣闻讯后，也感叹不已。

最好脾气的厚道阁老

明初最强大的文臣执政团队，当属“仁宣之治”时期的

“三杨内阁”：杨荣、杨溥、杨士奇。三位牛人中最好脾气的，当属杨溥。

他最出名的，就是他的淡定。早在朱棣登基早期，他就是太子朱高炽的东宫洗马，老资格的太子近臣。朱高煦构陷朱高炽时，杨溥受到株连，在朱棣时代足足蹲了十年牢狱。但杨溥本人却极其平静，别人在监狱里生不如死，他却天天在里面读书，而且丝毫不以为苦。

仁宣时代，他虽然是内阁重臣，最为后人称道的，却是他的廉洁。一次他的儿子从家乡来探访他，杨溥问儿子：一路上有哪个地方官没有隆重接待你。儿子回答说：江陵知县对我的接待非常简单。杨溥得知后不但不恼，反而推荐这位知县出任知府。

列宁点名的经济学家

而在明朝15世纪下半叶的诸多政治人物中，有一个人，虽然在历史上的评价同样毁誉参半，但他身后的名声，却远远超越生前。前苏联革命家列宁，给予了他一个至高无上的评价——人类15世纪的经济学家。

而清末维新变法领袖梁启超，一次和某外国学者大谈重商主义时，曾很自信地拿出这个人的书，对对方说：你们西方近代的经济理论，这个人的书里早就提出来了。这本书的名字，叫《大学衍义补》，这本书的作者，就是明朝成化、弘治两朝名臣丘浚，他的创举在于他书中的一句话——食货者，生民之根本也。也就是说，商品经济是国民经济的根本。在封建社会，这是世界上最早的重商主义理论。

而丘濬为官，不但在经济思想上建树颇多，也同样有极重的“家乡情结”。一次丘濬与明孝宗下棋，边下边喃喃自语：将军，海南钱粮减三分。明孝宗觉得有趣，就跟着念了一遍。刚念完，就见丘濬翻身跪倒，高呼万岁：臣谢皇上，今年海南的钱粮咱就减三分？

坚持尊崇祖制的徐溥

明孝宗朱祐樘的内阁首辅徐溥，算是中国历史上最喜欢做自我批评的官员了。他每天晚上睡觉前的习惯，就是给自己做自我批评，回忆自己当天做了哪些好事、坏事，如果做了一件好事，就给自己左边的筐子里放一颗红豆，如果做了一件坏事，就给自己右边的筐子里放一颗黑豆。这个习惯从他年轻时读书开始，一直保持到他过世。

但徐溥的长处，却不止是摆样子，而是真实干。后来他年老体衰，退休回乡。那时他有严重失眠，一点动静就睡不着，家乡官员知道后，为保证老大人睡得香甜，就把他家宅门口的大路给“交通管制”了。徐溥知道后把地方官叫来一顿骂，怎么改的又重新改回来。明孝宗给他的赏赐，一半他拿出来办教育，设立学堂专教贫家孩子读书，一半买了条船，在河边雇人每天义务载人过河。此规矩从此徐家传承了几百年，便是当地有名的“徐氏义渡”。一个人最难的是一辈子做好事，他真做到了。

好人徐溥做首辅期间，众所周知的口头禅就是两个字：祖制。在徐溥眼里，凡是朱元璋制定的政策都是好的，凡是朱元璋制定的政策都是对的。当时明朝财政吃紧，户部尚书叶淇力主实行“开中法”，但徐溥认为这事违背朱元璋的伟大精神，玩命地反对。可明孝宗力挺改革，徐溥反对无效，只能一直憋气。后来开中法顺利推广，朝廷增收，商业繁荣，可利益受损的权贵不满，造谣叶淇受贿，关键时刻，竟是徐溥挺身而出，证明了叶淇的清白。再后来叶淇退休回乡，腰包却羞涩，徐溥慷慨解囊，二人在城外依依惜别，谁知叶淇的马车刚开动，徐溥又急匆匆地追上来，拉着叶淇的手认真地说：虽然你退休了，话我一定要说，你的改革我依然认为是错误的。

更大的荒唐事，却是弘治五年（1492年）黄河发大水，中原大地尽成汪洋，兵部尚书白昂受命治水，在中原治水结束之后，白昂提议，为防止黄河在淮河流域决口，建议朝廷在山东地区加挖河道，以收分洪之效。但是作为首辅的徐溥坚决反对，他认为这种办法既劳民伤财，也没有实际作用，最重要的是，当年朱元璋都没这么修过。就如他质问白昂的话：从朱元璋时代开始，有你这么修黄河的吗？结果两年以后，正如白昂所料，黄河又在淮水流域决口，京杭大运河都被阻断，害得明王朝只好派遣刘大夏再修黄河，做了无用功。《明经世文编》里就叹息，当初明朝要是听了白昂的，就不用这么折腾了。

“八虎”中的好标兵高凤

在明武宗朱厚照在位的早期，以刘瑾为首的宦官“八虎”把持朝政，然而这八位被后人骂做“权奸”的宦官，却也不能一概而论。

“八虎”之中的高凤，就是以严谨治学著称的，他是朱厚照做太子时候的伴读太监，对朱厚照的学习抓得非常紧。即使是抨击朱厚照宠信太监的文官们，也多有人称赞他“敦厚职守”。在朱厚照登基早期，群臣们要求他罢黜宦官的时候，高凤最早提出来向文官们求和，主动隐退。

刘瑾得势后，宦官们皆鸡犬升天，却唯独高凤，不断地向朱厚照请求辞职。他死于正德四年（1509年），当时不但得到明王朝的隆重追悼，大学士李东阳还主动为他写墓志铭。

海瑞背后的两个男人

作为明朝中后期杰出的清官海瑞，他能够以刚直的品质浮沉官场，历经数次政治迫害而不死，除了他自己坚强的品格外，也同样因为当时明朝许多重臣的庇护。众所周知的，是海瑞在朱厚熜时代，上书抨击朱厚熜的乱政，在内阁首辅徐阶的庇护下才得以保住性命。

而在此之前，海瑞还得到过另一个政治人物的保护。他担任淳安知县的时候，曾经因拒绝行贿，得罪了严嵩的亲信鄢懋卿，事后鄢懋卿本打算罗织罪名，将他革职。但关键时刻，时任刑部尚书的朱衡出面相救，才帮海瑞保住官职，否则当时就罢官的海瑞，也闹不出他后来的动静了。

让海瑞都感动的清臣

海瑞因为上书斥责嘉靖帝朱厚熜被下狱，关押诏狱期间，帮助过他的，还有一位特殊的小人物—— 一位苏州籍的狱卒。

海瑞入狱期间，他因敬佩海瑞的人品，对海瑞照料备至。后来海瑞就任应天巡抚，还特意去他的家乡拜访他，但他闻听海瑞前来，立刻带着妻儿老小躲出去了。乡邻们问他为什么，他答：如果我见了海大人，你们一定会托我求海大人办事，如果我答应你们，就坏了海大人的名声，更坏了我当初照料海大人的初衷；如果不答应你们，就得罪了你们，所以我还是躲出去好。

闻听此事的海瑞慨叹说：我一直以为我自己铁面无私，其实还差得远啊。这位狱卒的姓名，明朝各类笔记的说法各异，但是透过这则普通的故事，我们可以看到的却是两位知音抛却了利益的纯真友谊。

为政敌平反的邹元标

万历晚期东林党的崛起，在后来的天启、崇祯两朝中扮演了重要角色，而在万历死后，随着明光宗和明熹宗的即位，东林党一度执掌大权，而他们做的第一件事，就是了结了朱翊钧时代的一桩旧案——平反张居正。

明朝天启二年（1622年），经诸多大臣坚持，明王朝恢复了张居正的名声，并给予抚恤。主持这件事的人，就是东林党大佬，在万历五年张居正“夺情事件”中，因抨击张居正而被打得死去活来的邹元标。别人曾问他为什么这样，邹元标的回答是：当年我批他，是尽我作为一个官员的本分，直到今天，我才知道他有多不容易。经过四十年的时间，他终于理解了张居正。

就事论事的礼部尚书

在张居正家人遭清算的时候，满朝文武要么跟风，要么缄口不言。最早为张居正家小说话的，居然是张居正的敌人——礼部尚书于慎行。

张居正当权时代，于慎行是出名的“倒张英雄”。御史刘台因弹劾张居正获罪，惨遭发配流放，人人跟躲瘟疫似的躲着，唯独于慎行不惧，大摇大摆去看望刘台，甚至赠诗共勉。说起来，张居正还是于慎行的恩人，朱翊钧刚登基时，于慎行只是个二十七岁的翰林院修撰，被推荐做朱翊钧的讲官，有人认为他太年轻，是张居正力排众议，给了他这个飞黄腾达的机会。

所以后来张居正曾质问于慎行，说我对你有卓拔之恩，你为什么要对我这样。于慎行正色说：正是因为您对我有恩，所以我才要用这种方式规劝您，让您不要犯错误。事后于慎行在张居正排挤下，不得不辞官回乡，直到张居正过世后才得以复职。

但他复职后做的第一件事，就是写信给正赶往湖北抄张居正家的丘橓，信中对丘橓说，张居正虽然劣迹斑斑，但是为了国家日夜操劳，他遭人骂的许多事，都是为了国事得罪了人。他当权的时候，大家摄于他的权势，不敢规劝他的错误，他倒台以后，大家又争相指责他的错误，却又不再提他的功劳。而且张居正的母亲，已经八十多岁了，他的子孙们，也多是些文弱书生，即使张居正有罪，也不是他家人的罪过，您去湖北抄家，可一定要网开一面啊。

练兵各有方的名将们

晚明的衰败，一个表现就是军备废弛，从明朝中后期以来，士兵在作战中贪生怕死，甚至在恶斗中崩溃，都是许多军人的常态。为了应付这种局面，许多名将也有自己的办法。

比如马林的父亲—— 嘉靖第一勇将马芳，他的办法就是设立督战队，全是由百步穿杨的神射骑兵组成，作战的时候游荡在战阵后，有发现主动跑的，二话不说就是一箭。

后来指挥抗倭援朝战争的辽东名将李成梁，他的办法也是设督战队，不同的是他亲自带队拿刀砍，有溃退的被他看见，上来当头就是一刀。

然而按照明朝中后期文学家徐文长的记录，最有办法的还是抗倭名将戚继光，他的方法就是敲鼓。他的戚家军里，按照不同的要求，编订了不同的鼓点旋律，如果部队出现溃退，就命令敲进军鼓，鼓声之中，士兵必然能够重新振奋。

后来徐文长游历北方，在山西见到在此地任御史的好友梅如桢，说起戚继光的办法，梅御史好奇地问："这办法有没有可能在我这里推广。"徐文长答，你学不来，那是人家平时苦练出来的。

血战到底的明朝将军

后人说起万历四十六年（1618年）开始的辽东战争，多说女真八旗神勇，明军不堪一击，然而从是年四月十八日，努尔哈赤以"七大恨"起兵开始，绝大多数的战争中，明军同样表现出了英勇顽强的一面。

东州之战中，总兵张成萌率领一万大军，最终全军覆没。清河之战中，总兵邹储贤也率军抗击到最后，与城池玉石俱焚，所部数千兵马全部殉难。在之后的萨尔浒之战中，杜松和刘廷两部同样奋战到最后。绝大多数的明军，都尽到了自己保家卫国的职责。

然而战败的原因，萨尔浒之战前总指挥杨镐就曾奏报说，当时辽东地区兵马缺额严重，能作战的士兵只有两三万人。而在萨尔浒战后，继任辽东经略熊廷弼也曾反思说，辽东地区的明军，仅火器装备这一项上，缺额就非常严重，许多军队虽然有火器，但是弹药却严重不足。辽东初期战事的共同剧本，都是双方对垒，明军一度击退敌人攻击，但很快弹药耗尽，明军覆没。准备不足加实力严重削弱，才是明军失败的真相。

最悲情的战将卢象升

崇祯执政时代，在与农民军作战中功劳卓著的名将卢象升，曾经这样形容过明朝政府军的纪律败坏程度：当时明朝政府军，在战斗中最擅长干的就是杀良冒功，不但经常屠杀老百姓冒充敌人首级领赏，甚至还经常挖老百姓家的坟墓，扒出新下葬的尸首，来冒充敌人的尸首。这样的兵打仗自然不靠谱。

卢象升参加的第一场战斗中，他的部队与农民军一接触，就全线崩溃，幸亏他当机立断，立刻斩杀了几个逃亡的士兵，并带头冲进敌阵，这才扭转了战局。卢象升自己回忆这场战斗也心有余悸，他在给朋友的信里愤愤不平地说：要不是我反应快，就被这群人害死了。

晚明与农民军作战的诸路将领里，卢象升也是对农民军本质看得最清楚的一个，就像他给崇祯的奏折里说，所谓的这些反贼，要么是没饭吃的老百姓，要么就是被拖欠“工资”的政府军士兵。

这个累积斩杀农民军数十万的猛将，内心其实一直是非常愤懑的，就像他在奏折里对崇祯说，“朝廷里的这群言官，根本不懂军事，也不了解前线的情况，张口就喜欢乱骂人，我们这些辛苦打仗的，就算有打仗的办法，又怎么能放开手脚干活呢？”

他带兵的方法，就是以身作则，冲锋的时候带头冲，没粮食的时候，他带头不吃饭，用实际行动感染士兵们。最终，他战死在抗击清军入侵的巨鹿会战中。

当时他受杨嗣昌陷害，兵力全被杨嗣昌调走，以两万残兵独抗十万满洲八旗，最终壮烈殉国。死讯传来的时候，他曾经做过地方官的宣大地区，老百姓自发为他举孝，对这样一个耿耿忠臣，崇祯居然因杨嗣昌谗言，好几年拒绝抚恤。他的遭遇，可谓晚明忠臣中的缩影。

明朝生活实录

节俭是个道德问题

明初民间最主要的特点，就是节俭。照宋濂的《宋学士文集》中记录，当时明朝人在穿鞋上，仅有“素履”和“云履”两种，妇女很少有首饰，就连马车等交通工具，大街上一般也难得一见。“乡镇干部”下班回家，一般都是步行。在他的家乡，一般家里有客人上门的时候，晚上喝酒，主人只用一杯清水陪客，官场上的往来应酬，只有在极其重大的饭局上，可能才会点一份荤菜。在当时的明王朝，勤俭，不仅仅是一个经济问题，更是一个重要的道德问题。尤其是书院教育中，“俭以养德，安贫乐道”，更是教书先生们重点讲述的内容。

穿错衣服很要命

在明朝初期，如果穿衣服穿错了，很可能会招来牢狱之灾，甚至是杀身之祸。明初的服饰，不仅仅是一种装饰，更是一种身份的界定。按照朱元璋亲自编订的服饰规矩：全国士民的衣冠，以唐朝衣冠为制式。士民要束发，官员则要戴乌纱帽，用圆领袍束带，穿黑色靴子。普通老百姓要戴四色头巾，杂色圆领衣，不能用玄黄一类的颜色。女性方面，老百姓的妻子，允许用银镀金的首饰，穿浅色圆衫，绫罗绸缎。乐妓则要戴名角冠子，穿着打扮不能与良家妇女相同。在明王朝早期，穿错衣服属于僭越大罪。轻则杖责，重更有可能杀头。

玄幻神话从此流行

洪武三十年（1397年），明朝《大明律》中严格规定：杂剧演出，绝不准在戏台上装扮历代帝后、忠臣烈士，如果有违反者，将处以杖责一百的刑罚。两年后，明王朝又明文下令，禁止普通军民学习唱戏。如元朝关汉卿那种，作为知识分子亲自登台的景象，在早期的明王朝几乎绝迹。而原本情节自由奔放，充满娱乐精神的元杂剧，既要保证票房又要保证安全，从此只能排神话剧了。

明初诗人很悲惨

明朝早期的诗歌创作，在诗坛上有“吴中四杰”之说。即居住于苏州的高启、杨基、张羽、徐贲四人。这四个人，被当时人拿来与赫赫有名的“初唐四杰”做类比。然而论起命运，高启被魏观案株连遭杀害。杨基做按察使的时候被人陷害，死于强制劳动。张羽在流放岭南的路上死于龙江水中。徐贲则因犒劳军队的时候犯下错误，被论罪处死。比起“初唐四杰”

来，他们的人生更为悲苦。

削藩削出个科学家

在朱元璋过世后，周王朱橚成了绝对的苦命人，先是建文帝在位的时候，因为他和朱棣是同母兄弟，所以受够了治，还给吓出毛病。后来朱棣篡位登基，要削藩也拿他开刀，挑错把他一顿敲打。以至于身为藩王，长期健康都受影响。但这位王爷却很自强，为了能好好活，不但夹着尾巴做人，还一门心思研究养生。

他府中的家庭医生，是洪武时期的名医李柏。受其影响，青年时候的朱橚即喜爱医学，更因在民间目睹了老百姓缺医少药的惨状，生出了搞医学的愿望。他一生编订了四部医学宝典，分别为《救荒本草》《普济方》《袖珍方》《保生余录》，特别是《救荒本草》，是中国历史上第一本专门记录食用野生植物的专书，其中许多植物的用药方式，更来自朱橚自己的研究成果。永乐三年（1405年），《救荒本草》开始在中国刊刻发行，不但成为明朝三百年来医学畅销宝典，更令两个世纪后的一个医生，以其为参照，写出了一部更伟大的著作——《本草纲目》。

文学大师算个鸟

从明朝建国开始，朱元璋、朱棣、朱瞻基等帝王们，有个共同的爱好，就是给臣下写诗示恩宠。作为回报，臣下也必须以诗回赠，以表感激涕零。这种来来往往的诗文唱和，以及以“三杨阁老”为代表的作者们，形成了众所周知的“阁体诗”。它一度是明朝文学主旋律，但后来弘治年间的文学大家李梦阳则给出了很尖刻的评语，说这种诗歌不过逢迎拍马，难有文人真风骨。然后，他鲜明地提出了自己的主张——文必秦汉，诗必盛唐。继而引领“前七子”“后七子”潮流。

然而半个世纪后，李大才子不会想到，他自己也成了被嘲笑的对象。针对他的“拟古”理论，嘉靖年间大才子徐文长，说了句更尖酸刻薄的话：学秦汉盛唐，这就像鸟跟人学说话，说得再好听，鸟也永远是鸟。言下之意也就是：文学家李梦阳算个鸟。

吃饭的规矩从此多

明英宗在位时代，是明朝民俗的一个分水岭。顾起元《南都旧日宴集》里记载：明英宗正统年间的时候，官场上吃饭，七八个人，也就吃四盘大菜和四盘子小菜。而且不用提前通知，都是当天定当天吃。但到了十年后的天顺年间（明英宗的第二个执政时期），同样规模的宴席，酒就已经增加到八杯了，而且礼仪也更加繁琐，需要做东的主人提前一天邀请。再到明英宗的儿子明宪宗时代，口头邀请已经不礼貌了，必须要郑重其事地送请柬，发出书面邀请，才算尽到请客的礼数。

震撼朝鲜的“学霸”

在明英宗执政的天顺朝，《罪惟录》里还记录了一件闹出国际影响力的“奇事”。明英宗复辟后的第一次科举考试，有一个考生刚刚答好试卷，突然考场里刮进来一阵大风，将他的考卷吹得无影无踪。可这考生不慌不忙，又重新找了张白纸，用剩余的时间，有条不紊地重新答了一张卷子，最后光荣上榜。然而更“雷”的事情是：年尾朝鲜国使者前来觐见，给明英宗说了这么一件事，有一天一张试卷突然飞到了朝鲜王宫，其卷面闪闪发光，在空中盘旋了好几圈才落下来。请算命先生看，说这张试卷来自中国，中国将有能人出现啊！这位很神的考生，就是明朝成化、弘治两朝，连续三次出击鞑靼，打得鞑靼可汗巴图蒙克只身逃跑的名将王越。

“学霸”是雷劈出来的

这位闹出“国际影响”的王越，其实从出生的时候，就是个很神的人。他的家乡河南浚县，还有这样一则民间传说：明朝宣德元年（1426年），有两个公差正行在路上，突然天上一声晴空霹雳，接着闪电轰然大作，吓得两人脸都白了。接着，旁边一民居里，走出一个兴高采烈的老太太，说我家孙子生下来了，两位是贵人，快进来喝碗面汤吧。按照当地的说法，小孩出生的时候雷电轰鸣，必有战神出。

这才是书画大师

明中期书画“吴中四家”中，文征明、仇英、唐伯虎三人，在今天知名度较高，相对名声比较低的，却是其中另一位画家沈周。事实上，他不但是一位大师级人物，更与唐伯虎和仇英皆有渊源—— 是他二人的师父。这位沈画家，在那时代也是显赫一时的人物，家里求画的客人天天踩破门槛。无心做画的他，有时候就让学生代笔应付。应付得最好的就是拜在他门下学画的唐伯虎与仇英。按照明朝文人王鏊在《石田墓志铭》里的说法，当时从京城到岭南，整天都有全国各地的客人纷至沓来，不惜一掷千金，求沈周墨宝一份。电影《唐伯虎点秋香》里粉丝疯狂求见唐伯虎的情景，当时其实是沈周家的常见景象。

莫欺叔叔穷

沈周另一件传奇的事情是：他妻子陈氏的娘家侄子三郎，也跑到他门下来求画。先前沈周无籍籍名时，这个侄子从未上过门，想到这一层，愤懑无比的沈周，虽亲笔赠予了他墨宝，却愤然在题跋上作诗一首：三郎不来拜汝姑，乞画辄恼姑之夫。况持长卷费手腕，雨气昧眼成模糊。说得三郎羞惭而去。多年以后，沈周的妻子病逝，三郎号哭着前来吊孝，并一字不差地背出了这首诗，感动万分的沈周特意又赠三郎一幅墨宝。

大家一起来享受

明朝中叶的社会风俗之一，就是享受，不止是达官贵人，就连普通百姓也不例外。曾经巡抚宁夏的明朝名将杨博就曾说，即使在宁夏这样的边镇地区，穷人家的女人如果不戴首饰，一样会被人瞧不起的。而那些军户家庭里，如果有谁还过着简朴的生活，那一定会被人笑作迂腐不堪。

震惊皇帝的“韩流”

明朝成化年间，还曾发生过一次因为朝鲜入贡而引发的流行风潮。当时朝鲜使团送来的侍女们，穿着清一色的“马尾裙”，在北京城招摇过市，很快就引起了万人空巷。按照内阁大学士彭时的说法，先是京城里许多勾栏场所纷纷效仿，然后有很多女子也穿着招摇过市。没几天的工夫，京城里到处都能看到马尾裙。彭时还要求朱见深下个圣旨，禁止这种情况。朱见深答：这种情况怎么管得住啊，老百姓爱怎么穿就怎么穿吧。

不许乱辞职

明朝中期以后，人口流动日益频繁，去异地“打工者”日益增多。找工作也就成了一个学问。比如在当时经济发达的苏州，外地人来当地找工作，并不是没头苍蝇乱跑，而是先要到当地的“会馆”（老乡会）去报到，登记注册资料，签订合同，然后就可以免费住在会馆中。通常两天之内，会馆就会安排到工作。而如果“打工者”在接受工作一个月内就主动辞职，那后果是相当严重的—— 这辈子都别想在苏州找到工作了。

明朝也闹“用工荒”

明朝中期的江南，外地农民大量涌入，当时在大户人家做佣人的，大多来自于当地湖广、安徽一带。万历年间，湖广布政使就曾对明王朝奏报说：现在大批农民跑到城市去打工，农村的地都没人种，导致当地土地荒芜，农民交农业税，大多数都靠在城市打工的收入。长此以往后果不堪设想，希望朝廷能管管。奏折送上去，就被万历留中不发了。

“炒鱿鱼”要讲和谐

明朝中期，老板炒员工“鱿鱼”，也是有讲究的，并不是直接通知员工走人。比如在苏州，一般有两种方法，一种是在每年正月初五，按规矩要给路头神上香，如果有哪位员工，老板没有通知他去上香，那意思就很明白：你被解雇了。员工也就很知趣地主动收拾包袱走人。第二种方法，就是在接完路头神之后，要喝路头酒。按照规矩，酒宴上，老板要给每个员工夹菜，如果老板夹给一个员工鸡头，或者是百叶荷肉，那意思也很明白：卷包走人吧。得到这类暗示的员工，通常都是主动辞职，而且辞职的理由也都是一个——老家有事。如此客套，其实也因中国人的传统：莫伤和气，买卖不成仁义在。

糟钱的藏书

明朝中后期，另一个流行的风潮，就是文化人的“藏书热”，甚至一家父子还经常为藏书而PK，比如明朝藏书家徐与参、徐介寿父子，每年都不惜千金四处购书。到了年底的时候，这父子俩还要把自己的藏书全都晒出来，比比谁的藏书多。每到这个时候，当地四里八乡的老百姓都要去参观，堪称盛事。

在藏书问题上，万历年间学问家王世贞也相当疯狂，他家的藏书多达三千册。一次他看中了一套宋版的《两汉书》，但卖价极高，偏偏王世贞这时候手头上不宽裕，最后王世贞一咬牙：不用再谈了，我的房子送给你了！结果，他把自己新买的一套庄园，当场送给了书商，总算换来了这套心爱的书。

可更“雷人”的是，庄园送了人，可庄园里还有他几百套心爱的书，移交庄园之前，他重金雇人全都拉走，可一路上颠簸损毁，居然坏了十几套，王世贞心疼的一病好几个月。他的好友汪道昆得知后叹息：你这是何苦来的呢？为了一套书送了房子，还弄坏了好几套书，这买卖亏大了。

社会风气变得快

明朝晚期民俗的演变，令明朝同时期许多老人也痛心疾首。明朝人伍袁萃说，在嘉靖以前，明朝江南地区，是以朴实厚重著称的，士大夫们聊天，都是聊文章、国家大事之类，很少聊享乐的话题。而现在，基本都是聊游玩、奢侈，以及怎么打通官场关节。嘉靖以前士大夫们吃饭，最多就是多点几个菜，而现在吃饭，拉歌姬跳舞唱歌，那都是很正常的。嘉靖以前的老百姓，每天就知道勤勤恳恳干活，非常敬重官长，孝顺老人。但这年头的老百姓，经常闹事不说，年轻人还大逆不道，顶撞长辈，还有人用钱买官，羞辱斯文。万历年间的清官海瑞，有次同僚请吃饭，叫了几个歌女助兴，他一气之下，居然当场命人把同僚一顿暴打，理由是他“违制”。

明朝的艺术家才叫拼

明朝中晚期开始的另一大热潮，就是“戏剧热”。侯方域的《马伶传》就讲了这样一个故事：当时有一家商人，邀请了两个剧团来演同一出剧——《鸣凤记》，戏中的重要看点，就是剧中的主人公奸臣严嵩。两个剧团扮演严嵩的演员，分别叫李伶和马伶。对台戏开始后，李伶扮演的严嵩，一下子压过了马伶扮演的严嵩，结果观众们纷纷涌过去看李伶，反而把马伶扔在一边。演出还没有结束，马伶就羞愧而逃，之后一度不知所终，而李伶也因此成了南京城的头牌演员。

三年以后，一个爆炸新闻在“票友”中传开——马伶回来了，还放出话来，愿意和李伶再现场ＰＫ一次，看看谁演的严嵩好。一时间，几乎全南京的“票友”云集。这次开演后，全场几乎都震撼了，马伶塑造的严嵩，一反三年前那苍白呆板的形象，反而塑造得活灵活现，而演出还没进行到一半，与马伶ＰＫ得 李伶就服输了，当场给马伶跪下来叫师傅。事后大家追问马伶，他那出神入化的表演是怎么做到的？马伶回答道，他离开南京后，独自一人到北京做了“北漂”，跑到大学士顾秉谦家里做差役。这个顾秉谦为人奸诈，时人都说不亚于严嵩。马伶在顾秉谦家干活三年，抓住一切机会观察顾秉谦，仔细体察他的一举一动，喜怒哀乐，最终从形似到神似，有了那惊艳全场的表现。放在今天，马伶这样的演员，做个大明星，恐怕也是绰绰有余的。

金牌出版人

放在今天，福建建阳人熊大木这个名字，恐怕已被现代人所陌生。而在明朝嘉靖至万历年间，他却是一个家喻户晓的人物—— 金牌出版人。明朝中后期商品经济大兴，带来的一个重要影响，就是出版业的蓬勃发展，许多以通俗话本小说为内容的出版物，在新兴出版商的包装推广下，纷纷风靡市场，成为流传不休的畅销读物。熊大木就是其中一位，他个人的身份，也是那时期大多数出版商的写照：读过书，出身底层官宦阶层，做过生意，接近民间，并最终开设了“书坊”（出版社），并包装推广畅销书，当时经他捧红的畅销书，有《两汉演义》《大宋中兴演义》等，而他不只能推广，更能原创，其本人的著作不但在明朝爆红，更流传至今天——《杨家将演义》。

拯救“本草纲目”

明朝商品经济发达，使畅销书的出版变得容易，一些当时看似没有市场卖点的读物，出版却变得困难起来，典型如医学家李时珍历时二十七年写出的医学宝典《本草纲目》。此书的最终定稿，是在万历二十一年（公元1593年），李时珍已经因这本书而耗尽了全部家产，根本没有能力将其出版。为此，他以七十六岁高龄的老迈身躯，来到当时中国出版业最为发达的南京，向当地的知名出版商们求助。但是不少出版商一看到题材就连连摇头，认为这是本铁定赔的书。求告无门的李时珍，最终带着未了的心愿于同年过世，留下的遗言，就是让儿子把书献给朝廷，以国家的力量来出版。

可书送上去之后，当时的明朝政府也不感兴趣，把这个请求一搁置又是三年。真正挽救了这本书命运的，是此时南京城的出版大鳄胡承龙，得知消息的他，以敏锐的判断力断定此书必然传世，遂于万历二十四年（1596年）找到李家，不惜血本将其印刷成书。不出他所料，该书在经过问世早期的冷场后，很快热销一时，七年后又在江西重新翻刻，从此畅销不断。

书生会武术

晚明武术推广的另一个景象，就是知识阶层的书生习武练武。晚明的文官集团中，也出了许多以精通武术而著称的少壮士人，比如曾担任过御史的梅之焕，在一次明朝禁军阅兵时，面对军将的挑衅，就曾当场弯弓搭箭，连续多箭中靶，当场把那些骄兵悍将给压了下去。晚明的许多匡扶时局的名臣中，也有许多人以武艺娴熟著称，比如曾担任宣大总督的卢象升，他个人武功精熟，擅长射箭和刀法，率军征缴农民军时，更时常冲在前面。他的将官，有纯粹的职业武将，却也有许多书生出身，精通武术的热血青年。而在明朝灭亡后，文人习武的风气，保持得最好的，却是湖南地区的读书人。晚清曾国藩创建湘军时，其军中的中层军官，基本都是由读书人组成，按照曾国藩本人的说法，这些人精通武艺，也受诗书礼仪熏陶，有血气无匪气，因此能当大任。

一肚子苦水的太监

作为中国历史上宦官权力较重的朝代，明朝的宦官，也成为后世研究的话题。事实上，明朝的宦官们不仅是政治上的高光人物，在民间闲谈中，也往往成为关注的话题。和清朝宦官常年居于深宫中不同，明朝宦官因为往往担负着“采办”之类的职务，因此时常与民间接触，老百姓对他们的了解，有时候也格外亲近。明朝中期，北京街头就有俗话说，这世上有三种性子的人是不能惹的，一是女人性，二是秀才性，三是太监性。更多的时候，太监们也是老百姓调侃的对象。明朝文人谢肇的笔记里就说，每当有戏曲演出的时候，观众比较希望的，就是有太监们来看，那些太监们看到剧中悲惨的情节，会像女人一样嘤嘤哭泣，也算是剧场外的一景。

太监要打爹

明朝宦官位高权重，但是他们心里，始终藏着深深的自卑。《明史》里就曾记录这样一件事：正统年间，宦官于经得到皇帝宠信。一次他爹到北京来看他，按说父子重逢是好事，没想到于经二话不说，当场下令把他爹脱了裤子一顿打，等打完了，他又恶狠狠地问他爹：你当年好狠的心，怎么就忍心把你儿子阉了啊。话没说完，父子两人抱头痛哭。

明朝建立时，朱元璋亲自主持编纂的《大明律》中，关于“剥皮”这个刑罚还有这么一个补充规定：宦官如果娶老婆的话，同样也要处剥皮之刑。但到了明朝中期，这规矩就给破了。到了明朝中后期，基本上有权势的宦官，都有相好的女子。这些女子主要都来自京城坊曲里的娼妓。许多妓女一生的盼望，就是可以被宦官看中，然后被他赎出去。之后就可以太太的身份，继承他的家产，从此苦尽甘来。

士大夫人生三部曲

明朝人沈德符在形容嘉靖年间明朝士大夫的人生轨迹的时候，将其分为三部曲。首先是科场登第后，第一件事是给自己取个号，比如这个斋那个斋的主人。这样是为了炒作。第二件事就是娶小老婆，尤其是那些外地来京应试并得中的士子们，娶小老婆独爱北京人，主要因为北京人熟门熟路，更能帮自己料理京中事务，甚至还能打通各种关节。第三件事就是买房，作为一个新登第的官员，如果为官后一年内，你还没买新宅子，如果你做三年官以上，还没有外宅，就算你为人再玲珑，工作成绩再突出，照样在官场上被鄙视。

崇祯年间将领袁崇焕，之所以在皇太极攻北京时，几乎成了举国公敌，一个重要原因就是，当时清军在外面烧杀抢掠，抢的基本都是京官们在郊区的外宅。忠心保国的袁崇焕，也就一下子招了所有官恨了。

秀才是真穷

民间俗话，说文人不得志的时候，往往说他们是“穷秀才”，其实相比之下，明初的秀才并不穷，而到了晚明，秀才却是真穷。

晚明科举发展的特点，就是高端化与贫富差距化，科考榜上一个名次数字的差别，就是人生的天壤之别。明朝中后期，内阁大学士都必须要有进士中的甲科资格；而举人虽然也有做官的机会，却基本都是不入流的小官，很难跻身高端权力场；而比举人更低一级的秀才们，却是更惨了，做官基本是做梦，官府给秀才发放的补助，更是常年数目不改，可社会的物价，却早已不是当年光景。明初能买块地的钱，晚明也就能买顿饭。

明初的秀才，按照宋濂《送东阳马生序》里的说法，国家给予的补贴，维持生活是不成问题的，明末可就不成了。诚如吴敬梓小说《儒林外史》里的说法，晚明秀才的生活出路，基本就是出去做私塾老师。按照明朝人耿定向的笔记，在当时，一个秀才一年必须要挣到五十两白银，才能维持一家人的基本生活以及自己求学的费用，而且随着明朝学官制度的日益腐败，学官对秀才的盘剥日重，秀才的负担也日益增加。而形成鲜明对比的是，一个人如果中了进士，哪怕做得是芝麻小官，一年的俸禄加各类灰色收入，至少也有三百两，相差何其大。

大牌云集的街头群殴

晚明商品经济发展，社会结构改变，就是闲散人员激增，这些社会闲散人员，在东南地区也有个称呼——“青手”，即没有正当职业，平日里受雇于人，靠替人出头打架为业的团伙。

这个新社会群体，初产生于明朝正德年间，发展壮大于明朝嘉靖年间，到了晚明的时候风气极盛。这群人的来源，正史上的说法是“无家恶少”，堪称明朝版的“古惑仔”。

这群“古惑仔”们日常的工作除了打架斗殴诓骗钱财外，还介入了晚明的阉党政治中，从魏忠贤专权开始，阉党就喜欢在江南收罗打手，用以打击东林复社等知识分子。甚至在明朝灭亡的崇祯十七年（1644年）三月，当崇祯殉难的消息传来后，南京的官民们为崇祯举行了盛大的祭祀仪式。就在仪式典礼上，复社等士大夫团体起草檄文，痛骂阉党罪恶，结果阉党们就雇佣“青手”，殴打在场的复社文人们。

谁知道复社这帮书生也不是吃素的，当场就与“青手”们开打。这些书生们好多都习练武艺，打起架来不吃亏，反而把“青手”们打得落荒而逃。值得一提的是，参加这场斗殴的书生里，就有后来收复台湾的大英雄，彼时正在南京国子监读书的郑成功。书生们的斗殴实力，不是一般的强。

明末的江南“青手”们，除了打人之外，后来还开辟了新职业。因明朝赋税日重，许多百姓交不起税，就要挨官府的板子，“青手”们瞅准商机，开设了新公司“打行”。主要的工作就是替那些没钱交税的百姓挨板子，按照挨板子的数量来收费，打一板子二两白银。

大明外交报告

和朱元璋叫板，五百年祖宗家业没了

大明王朝一个空前绝后的成就，便是附属国众多。如史书所赞“幅员之广，远迈汉唐”。称臣的国家，最远竟有非洲地区。放眼当时寰宇，小弟遍天下。

这其中最乖的一个，自然是朝鲜：完全承袭大明的制度，用着大明的年号，连国名都是大明赐的。从册立世子、国王娶老婆的大事，到柴米油盐的日常琐事，样样都早请示晚汇报。逢年过节更时常走动，态度亲热得不行，照着朝鲜国王李昖的话说，中国就是俺的“父母之国”。用老百姓的话讲，这真是“实在亲戚”。

但就是这位“实在亲戚”，在大明朝初建国的时候，却是最不乖的一个小弟。当然那时他的名字，还叫高丽。

高丽的辉煌

高丽王朝，由原后高句丽大将王建建国于中国五代时期的公元918年。是朝鲜半岛继新罗王朝之后，第二个统一的国家政权。

但比起当年有大唐罩着的新罗，高丽的命运，却十分悲催。中原王朝打成一锅粥，找不到大哥来撑腰。身边又碰上个东北亚当时最凶残的军事帝国：契丹。

好在高丽的历代国王，大多都很有种。面对鼎盛时期的契丹铁骑也不怂。从993年到1018年，三次打退契丹数十万大军的疯狂进攻，维护了民族独立。相关可歌可泣的事迹，早被韩国人拍成了一堆雷剧，十分拉动收视率。

但这个王朝得以生存的最重要智慧，却是会做人。五代的时候，就和中原各主要政权通好。后来从北宋到南宋，一直亲密往来。哪怕对待契丹与女真这类凶恶敌人，手腕也灵活。打赢了以后见好就收拉关系，外交斡旋格外成功。于是辽宋夏金时代，中原王朝没少打仗。高丽这边，一直和平发展。

和平发展的成果，也十分骄人，中国有什么，他们跟着拼命学。用十六年时间，雕刻成了五千万汉字的高丽大藏经，堪称人类佛教文化瑰宝。精美的高丽青瓷，水准直追中国尖端技术。科举制度和儒学成果，更是大宋的微缩版，名人和佳作都极多。好些文明成就，今天还帮了韩国人吹牛：韩国人一直宣传印刷术是他们发明的，依据便是高丽人崔允仪从中国学来的活字印刷。

几代极具政治智慧的高丽国王，以灵活的外交手腕和积极的学习，造就了一个经济繁荣、文明辉煌的国家。哪怕期间曾强盛一时的契丹、大宋、女真，先后灰飞烟灭。高丽这边，依然顽强地存在。

但随着元王朝强势崛起，高丽王朝历史上最黑暗的岁月，也就悲惨地降临了。

元朝欺负高丽，早在蒙古帝国时代就开始。蒙古初兴的时候，就经常组团来高丽烧杀抢掠。后来又曾七次大规模征讨高丽，最惨的时候，蒙古大军所过州郡全部焚毁，死于蒙古军铁蹄下的高丽百姓多达二十七万。眼看亡国在即，高丽国王王皞终于屈辱投降，并送儿子王倎去做人质。

如此悲惨局面下，高丽王室开动脑筋，再度发扬祖先会做人的光荣传统。来到中国的王倎，很快和蒙古王子忽必烈拉上了关系，成了他极其宠爱的心腹。这番苦心没白费：随后忽必烈夺位成功，蒙古帝国换了招牌，变成了元王朝。高丽也得到丰厚回报，王倎被忽必烈立为高丽国王，也就是历史上的高丽元宗。多灾多难的高丽，正式拜了新大哥，总算结束了战火纷飞的苦难。

但新的苦难却又刚刚开始。元朝大哥实在太贪婪，除了常年对高丽耀武扬威外，遇到打仗更要横征暴敛。元朝征讨南宋，东征日本，高丽也必须提供粮草船只。每次都狮子大开口，成了源源不断的沉重负担。

为了求个太平，高丽之后的历代国王，也拼命继续巴结，甚至还攀亲戚：历代的高丽国王，都必须娶蒙古女子为妻，做大元朝的驸马。就连服装和礼仪，也全都改成蒙古人制式，且强令全国推广。巴结得如此彻底，连元世祖忽必烈都十分惊讶，说你们国家的礼制怎么全废了。

对高丽的卖力巴结，元朝也瞧不起。用忽必烈的话说是“我誓不与高丽共事。”而且自从当了驸马后，高丽国王的私生活，也变得十分悲剧。嫁到高丽当媳妇的蒙古女子，不但生活上骄奢挥霍，为人更刁蛮凶横，把持朝政祸害朝纲成了习惯，欺负丈夫更是家常便饭。比如高丽太宗，娶了元朝齐国公主，常年被老婆暴揍，最惨的时候，齐国公主还曾当着大臣们的面，棍棒交加把丈夫打得满脸开花。窝囊的高丽太宗，吭都不敢吭一声，只能事后躲在阴暗小角落里抹眼泪。

高丽受够了窝囊气，但元朝的坏毛病他们却也学得快。元代那些带有蒙古血统的高丽国王们，也学元朝皇帝，专注国内横征暴敛，更喜欢游猎玩耍，朝鲜半岛上除了开发了大批供游玩的猎场外，更大量圈占土地摧毁城池，变成专供放牧的草场。大批老百姓流离失所，沦为奴隶。之前高丽三百年的经济文明，几乎被摧毁殆尽。

而最令高丽屈辱的，就是除了每年给元朝送钱、送粮食外，还要大批量地送女人。高丽法律规定，本国十六岁以下的女子，都不能擅自嫁人，要先等着元朝挑选。高丽政府还有两个特殊部门：结婚都监和寡妇处女推考别监。这两个部门的主要工作，就是替元朝把关考核，选高丽女子去元朝军队里做“性奴”。打了仗赏高丽女子，更是元军的传统福利。

当然这段屈辱历史里，不是没有让高丽光荣的事：高丽女子奇氏，经过你死我活的宫斗，竟混成了元朝末代皇帝元顺帝的皇后。还有高丽太监朴不花也不差，成了当时元朝把持大权的奸人。但这二位“活宝”，一个横行霸道，一个铲除异己闹叛乱，把本就摇摇欲坠的元王朝，更闹得乱七八糟。元末大乱四起，传统小弟高丽，也要殃及池鱼。

挑衅大明，自取灭亡

元顺帝时代，中国南方起义军风起云涌，元帝国统治摇摇欲坠，一直紧跟元朝的高丽，也跟着倒霉。元朝至正二十二年，起义军三路北伐元朝，中路关铎部误打误撞，竟杀进了高丽境内，一战就把高丽国都开城端了，吓得高丽武宗王祺仓皇逃窜。

生死存亡之下，高丽武宗祭出祖先传统智慧：先密令开城的王公贵族们，把家里长得好看的女人都贡献出来，献给起义军当老婆。整个开城府天天宴会不断，热情款待起义军，等哄得起义军们麻痹大意，再突然重兵突袭，一番里应外合，终于全歼了这支农民军。

这次死里逃生，总算让高丽武宗看明白了：元朝自身难保，再跟他混只能自取灭亡。于是果断停用元朝年号，清除高丽国内的亲元朝贵族。值得一提的是，这位高丽武宗王祺，还是朝鲜历史上著名的画家。其画作的艺术水平，连明代许多知名画家都赞不绝口。这位多才多艺的国王，是高丽晚期历史上，难得一见的明白人。

而他一辈子最大的业绩，就是帮高丽换了大哥。洪武二年，已经把元朝打到漠北啃沙子的明太祖朱元璋，正式下诏册封他为高丽国王。

而比起凶残的元朝来，明朝这位新大哥真是好太多：册封的时候除了带来诏书和新印信，还送来了大批粮食物资，帮助高丽赈济灾民。对这个新收的小弟，明太祖朱元璋更寄托厚望，在诏书里除了勉励王祺要好好当国王外，更教诲他千万不要因为崇佛而劳苦百姓，还提醒他要小心倭寇的骚扰。中心思想一句话：好好当国王，有困难找大哥。

之后的四年里，在明朝新大哥的撑腰下，王祺放心大胆地治国：启用杰出政治家辛旽，对内厉行改革，废除前代的残暴法令，减免百姓赋税，鼓励农耕经济。特别是把大批贵族庄田牧场强行收回，分配给穷苦农民耕种，更是大得民心。历经苦难的高丽，民生经济开始高速复苏。

但王祺一个要命的毛病，却是耳根子软，勇敢的改革更被亲元的残余贵族们中伤。结果改革家辛旽先被诬陷谋反，遭不明真相的王祺冤杀。紧接着宦官崔万生发动政变，竟将王祺弑杀。随后王祺十岁的儿子王禑，被高丽亲元的权臣李仁任立为国王。这个意外变故，令明朝与高丽的关系，从温暖如春一下降入冰点。

说起王禑这位小国王上台后的政策，一个词就可以概括：两面派。

他上台后干得最忤逆的事就是接受了北元的册封，甚至高丽从此开始用北元的年号“宣光”，还常派王子去北元送礼物。最让国内怨声载道的，是他还逆历史潮流，勒令全国官民重新穿蒙古衣服。元朝辽东的军阀纳哈出，更和高丽来往密切，甚至还在高丽的配合下，截杀明朝的使者。

当然按照王禑后来给明朝的辩解，这些都是亲元贵族们干的，他是被逼的。但不放弃与明朝通好的王禑，上台就让明朝吃了个“憋”：派使者去明朝入贡，请求明朝册封。结果明朝派去册封的大臣林密，竟被高丽使团捆绑了送给元朝当见面礼。

高丽竟敢反水，明太祖朱元璋十分生气，但反应还算温和。既没强烈抗议也没严厉谴责，最激烈的手段，也就是多次拒绝高丽使团入贡。但熟悉朱元璋的做事手段就知道，他的温和反应，通常是暴风雨的前奏。

果然，在稳定了国内局势后，明王朝的手段，开始越发强硬。多次痛打和高丽往来密切的元朝名将纳哈出。洪武九年还曾追杀到鸭绿江边，把好几百蒙古军官五花大绑，冲着对面的高丽兵招摇。明朝辽东都司承差李思敬，更跑到鸭绿江边发布榜文，警告高丽认清形势。洪武十六年，明朝辽东孙都督，又一口气派了大小战船跨海，当着高丽边军的面，在浑河口子又痛殴了北元军队一顿。

明朝频繁“亮肌肉”，但小国王王禑的反应，却是迟钝到了极点。该怎么和元朝勾结，还是怎么勾结。实力逐渐强大的大明王朝，也终于忍够了。洪武二十年，明朝以宋国公冯胜为大将军，颍昌侯傅友德和永昌侯蓝玉为副将，动用二十万大军，大举进攻辽东。

这支由大明顶级将星率领，集结中国百战精锐的强大军队，一动手就惊天动地：北元的辽东军队，很快被揍得稀里哗啦。尤其让高丽一直感觉很强大的元朝辽东名将纳哈出，没打几把就爽快投降，二十二万蒙古军全给抓了俘虏。这是一次深远影响明朝历史的出征，把从辽东半岛到北方奴儿干库页岛的广袤领土，尽数收回中国版图。

但万万没想到的是，明朝这番震撼表演，非但没震醒高丽国王王禑，反而震得他继续犯傻。听说得胜的明军，在辽东设立了铁岭卫。王禑的第一反应，居然是格外不爽，接着就干出一件极“二”的事：准备动用倾国之兵，抢夺铁岭。

王禑敢如此“二”，除了自己智商差点外，也跟身边人分不开：他这时最宠爱的大臣，便是名将崔莹。此人之前战功卓著，打过倭寇也打过中国农民军，胜仗打得多了，脑子也发热。听说明朝狠揍了元朝，这位七十岁的老将便极度兴奋，强烈要求王禑出兵，趁火打劫占便宜。

在这位老“愤青”的鼓噪下，王禑的脑袋也跟着热，真个凑了不到五万人，由两位高丽名将李成桂和曹敏修带着，大摇大摆杀出了鸭绿江。一支常年被元朝欺负的高丽军，要去主动进攻刚欺负完元朝，且是人数占绝对优势的大明军。

就连普通的小兵们，都知道这事不靠谱。大军自从出发后，军中的士兵们就玩命开小差。一开始还是偷偷跑，后来甚至成群结队，大摇大摆地往回跑。带兵的李成桂，更知道这事不靠谱，眼看再跑就成了“光杆司令”，李将军终于痛下决心，公开宣布：别跑了，咱不去打明朝了，咱打王禑这个“二货”去。

这命令一宣布，大军陡然士气高涨。高丽战士们雄赳赳气昂昂返回鸭绿江，几下就拿下了首都，“二货”国王王禑与“愤青”崔莹，全都被抓了俘虏。一个月后王禑退位，一年后被杀。崔莹也被处死。李成桂随后又先后立了王昌和王瑶两个傀儡国王，到洪武二十五年正式就任国王，并得明朝赐国号“朝鲜”。高丽王朝四百七十四年的历史，就此结束了。

祸兮福所倚

王禑的犯“二”，就家族来说，断送的是祖宗的家业。但是就朝鲜民族的命运来说，却是这个苦难民族的重生。

成为了大明死忠小弟后，朝鲜王国在之后三个世纪里，得到的是大明王朝近乎无私的庇护。明朝既不像元朝那样横征暴敛，更不会动不动就进来烧杀抢掠，相反却是每次朝鲜入贡后给予丰厚的赏赐，还有商贸往来的频繁，以及先进文明的不断输送。李氏朝鲜王朝时代，是朝鲜民族经济文化发展最为繁荣的时期，各方面成就都全面超越高丽鼎盛时期。

战乱一百多年的朝鲜半岛，从此真正有了和平与安乐。而在万历年间震惊东亚的日本侵朝战争中，也正是大明王朝的浴血奋战，才把濒临亡国的朝鲜，重新拉了回来。

给大明朝做小弟的日子，是整个朝鲜古代史上，一段真正的黄金时代。这个美好时代的到来，确实拜王禑国王犯“二”所赐。

挑衅朱棣的后果是越南亡国二十年

明朝历代皇帝中，要评选登基之路最拼的一位，除了打天下的明太祖朱元璋，便是篡皇位的永乐大帝朱棣。

为了君临天下的龙椅，朱棣硬是发动了三年靖难之役，刀光血影的战争，连着打了多场。期间亲自提刀冲锋的生猛表现，更是十分常见。外加权谋耍诈，机关算尽，从精力脑力到体力，样样都拼到底，终于把亲侄子建文帝朱允炆，活活轰下皇位。

等着真个拼来了皇位，喘一口气的朱棣才猛然发现，真正的拼，这才刚刚开始。老父朱元璋留给他的，除了强盛的综合国力，还有君主极度专制的政体，国内的大事小情操碎了心，国际事务也不落下。大明是列国的宗主，当然也要有做老大的样子，哪国的家长里短，都要亲自过问拍板。国际国内，操心劳累到抽筋。

但当老大的滋味，朱棣很快亲切体会：新小弟日本，卖力替大明杀倭寇表忠心。“实在亲戚”朝鲜，殷切送美女表亲密。西边的帖木儿帝国早先叫板，老国王帖木儿凑了二十万人杀来，还没挨着大明的揍，自己就在路上病故了。新国王哈鲁忙不迭地遣使谢罪，又被朱棣派人过去一顿敲打教育，从此终生恭恭敬敬。

而后经过郑和七下西洋和陈诚五通西域，大明的国威声名远扬，小弟的数量，更从印度到北非，一路滚雪球似的猛涨。万国来朝的景象，常年繁荣热闹，中国皇帝朱棣当世界老大的感觉，一生荣耀舒爽。

倘若说国家关系如拳台，那么朱棣便是这时代最凶猛强壮的拳王。各路拳手无不服服帖帖。但不识时务跳出来挑衅的角色，随时都不会缺。“朱拳王”碰上的这位却是格外奇葩。乍一看并非哪路肌肉男，相反却是个枯干的瘦汉：安南国统治者胡一元。

忍你很久了

这位敢挑衅朱棣的胡一元，身份比较特别：安南名义上的国王，是他儿子胡汉苍，而他则以“太上皇”的身份，掌控国家大权。此人的名字也有好多个，通常也叫胡季犛。但综合看来，叫“胡一元”最形象：就他挑衅朱棣这件事来说，此人的头脑确实很“一元”，俗称一根筋。

不过追根溯源说，他的一根筋表现，却是被明太祖朱元璋惯出来的。

大明建国的时候，安南的统治者，是陈氏家族，史称陈氏安南。

这个陈氏安南，态度还算懂事。明太祖朱元璋登基第二年，陈氏安南国王陈日奎就赶紧派人来朝拜，从而正式获得册封，成了大明的附属国。

而表面恭敬的安南，内心却十分不安分：对大明恭敬奉承的同时，却又凶神恶煞，四处扩张领土，周围的占城等国，全给欺负个惨。这也惹得朱元璋很生气，但看安南一贯孝顺，怒火也就打折。最生气的时候，也不过是派使者过去数落一顿。在朱元璋的好脾气，外加安南的哄骗下，大明西南边境，虽说总有风波，但彼此关系总还算友善和睦。

但在表面恭顺了二十年后，长期“憋坏水”的外戚丞相胡一元悍然政变，杀掉安南国王陈炜，扶持了傀儡国王陈日焜，操纵了安南国的大权。自此，这位后来胆敢挑衅朱棣的楞汉，在安南国的权力顶峰上，开始了不作不死的人生。

从政变前后的内政说，胡一元的表现，可以说极其精明，手段更干练狠毒，用暴风骤雨般的行动，波澜不惊地把控大局。这是个阴沉老辣的狠角色。

对内发狠的同时，胡一元对外也发威，连续痛打占城等邻国，但最作死的事，接着就开始了：扩张的贼手，竟然伸向了大明。以《明太祖实录》的话说，就是“侵迫益急”。越发闹得不像话。

对这贼胆包天的事，朱元璋反应竟依然淡定，最愤怒的表现，也不过是发文申斥，表达最强烈抗议。如此窝囊应付，好些大臣都看不下去，不断有人义愤填膺上奏，请求给安南点颜色。但都被朱元璋硬压下去。

以朱元璋的性格，自然不会软弱，但当时明军的精锐，正全力攻打北元，大军席卷辽东，吓得先前吃里扒外勾结北元的“贼孩子”高丽，都慌忙脱掉旧马甲，变成了大明的乖小弟朝鲜。从辽东半岛到库页岛的广袤国土，更从此收归大明版图。这件大事时间紧、收获多，任务却太重，其他国务都要让路，“作死”的安南也只好先惯着。

正是这样一惯，终于把胡一元脑袋惯出毛病，竟做出了一个缺心眼的认识：看似威猛的明朝大哥，不过是个软弱的邻家大叔。从此以后放心大胆，一边对内镇压反对势力，一边对外更大肆扩张。熏天的气焰，到明太祖朱元璋驾崩时，早已飙升到顶。

最逆天的事，更在朱棣忙“靖难之役”时干出来了：建文元年，当了十年傀儡的安南国王陈日焜终于被胡一元杀害。随后胡一元命儿子胡汉苍登基，自己加封“太上皇”把持朝政。这番安南历史上的改朝换代，也就正式完成。

但胡家想要坐稳王位，最后一层窗户纸，还要必须捅破：陈家虽说是傀儡，却也是大明册封的国王。杀狗还要看主人，何况杀国王这么大的事，明朝大哥不生气，显然是不可能的。更重要的是，自家的新国王，没大明的承认，就永远只是冒牌货。想要冒牌变正牌，就得让大明高高兴兴地册封。

这时的胡一元，虽然已经在胡作，可头脑还算清楚，知道大明腿有多粗。所以在这件生死存亡大事上，还不敢轻易叫板，而是拿出自己一贯绝活：作秀糊弄。

打得就是你

胡一元决定“作秀”的时候，大明的皇帝，已换成永乐皇帝朱棣。

对这位新大哥的威名，胡一元也了解。于是精心设计的“作秀”，便在朱棣面前完美上演。

首先上场的是亲情剧，趁朱棣登基的时候，火速派人来“拜码头”，而后又来了一出苦情剧。安排了大批安南父老当群众演员，拉住明朝钦差诉衷肠，更深切表达了恳求大明政府册封的愿望。为求保险起见，朱棣派来出使安南的大臣杨渤，也被胡一元拿钱喂了个饱。回到南京后，信誓旦旦地在朱棣面前“打包票”。

这场戏的反响，也就顺理成章的好。大明礼部尚书夏止善，受命正式宣读了朱棣的诏书：册封胡汉苍为安南国王。这场胡家父子精心导演的大骗局，至此顺利收场。

自那以后，胡一元便彻底放了松，但正当他得意洋洋时，北方的大哥朱棣，却已经火冒三丈：一个意外事件爆发，使他的骗局被早早戳穿。

原来，永乐二年八月，原安南国大臣裴伯耆逃到了南京，向朱棣血泪交加地控诉了胡一元政变真相。过一个月，陈家王族唯一骨血陈天平也跑到南京来。这下骗局彻底败露，尤其令朱棣火大的是，他这不是让全世界看自己打脸？

刚过上老大瘾的朱棣，哪咽得下这口气？一开始还是照搬老爹的经验，派御史李琦出使安南，表示严正抗议。而胡家父子的反应也乖巧：连忙派使者来谢罪，表示愿意将功折罪，奉还安南大权，热烈欢迎陈天平回国接位。永乐四年正月，朱棣命广西副将军黄中，率领五千精兵护送陈天平归国，如此强大阵仗，就为撑起先前被打脸的面子。

但朱棣万没想到，自己这番软硬兼施，却紧接着栽了大面子。黄中一行人进入安南后，十万安南大军突然杀出，将五千明军团团包围，竟当着明军的面，将陈天平活活劫走后公开处决。

而这事对朱棣来说，简直疯狂到骇人听闻。但胡家父子却觉得太正常：把持朝政二十多年，吞到嘴里的肉怎能轻易吐还给陈家？至于朱棣很愤怒，在他们看来，之前朱元璋愤怒的次数更多，似乎也没啥严重后果，只需事后禁闭边关，严防国门，拖个一年半载，明朝强烈谴责得累了，也就会顺水推舟。

必须说明的是，胡家父子的自信，在当时看是有点道理的。安南发展到15世纪，就是个大明帝国的微缩版。论综合国力，东南亚国家公认第一，十足一霸。

尤其令后人难以想象的是，安南小霸的军事实力十分强大，尤其在大明十分自豪的火器装备层面，好些技术安南竟已反超在前头。独门杀器“神枪”，既能发射弹丸，更能放射火箭，射程更远达三百步，被很多研究者誉为重机枪的雏形。后来实战之中，也曾叫明军吃了大亏。

而比装备和战斗力更恐怖的，还有越南丛林湿热的作战环境。号称横扫全球的蒙古大军，就曾被安南揍了个惨。

独特的优势和光辉的战例，也因此鼓起了胡一元父子强大的民族自信心：跟明朝“朱拳王”的这场无差别级较量，安南必胜!

但自信满满的胡一元父子根本想不到，他们面对的是一个怎样的对手，他们更想不到，大明要打这一战的真正目的是什么。

朱棣既然决心打这一战，要的就是更深的考虑：作为各国宗主，朱棣当了大哥，可周遭的小弟，各个比猴还精。正是要杀鸡给猴看的时候，胡家父子正撞在大明的刀口上。

所以这次大明的决心，就是既然要打，一要打得彻底，二要打得漂亮。就跟杀鸡表演一样，就是要用牛刀，不但保证一刀干掉，动作更要潇洒漂亮。以主将张辅的话说，就是要“奉扬天威，当一鼓而灭”。

当然更值得表扬的还是胡一元，从砍了陈天平后，就让全国进入总动员，所有的作坊都加班加点，疯狂生产火器。北方与明朝接壤的边境，更是大修堡垒，整个国境线都修成铜墙铁壁。大明既然要打，那就看看谁更能玩命!

老大是这样打仗的

永乐四年七月，朱棣发布通告，朱能为征夷将军，沐晟和张辅为左右副将军，统帅八十万大军，从广西和云南兵分两路分头南下。仿佛隆隆南下的钢铁战车，火速向安南碾来。

这里补充说明下，八十万这个数字，是明军对外号称的数目。而明军真正投入的兵力，则在三十万左右。

对这强烈攻势，太上皇胡一元反应十分平静，只下令边境军队尽数撤退，把所有的食物和水井里都投上毒。以他的过往经验，安南气候湿热，瘟疫丛生，外加投毒等招数，没等着交上火，明军就得死一大片人。

但瞠目结舌的场面，紧接着就发生了，传说中不熟悉东南亚气候，染病就死的明军，竟都变成了百毒不侵的神兵。就是从投满毒的村镇踩过来，还是一路活蹦乱跳。看得安南兵"大跌眼镜"。

因为这几件历史经验，明军早吸取了。所有的明军士兵都加带了棉衣，以防夜晚湿气着凉。提前三个月就准备了充足的粮草，最让安南军抓狂的是，明军还带了大批"工程兵"部队，专门负责宿营挖井。现成的水一口都不喝，先前辛苦投的毒，全都白扔了。

于是明军高歌猛进，但猛进到十月，一个晴天霹雳袭来：明军主帅朱能因为积劳成疾，竟然病故于军中。

这糟心消息一传，胡一元重新焕发了精神。于是厉兵秣马，决心依托谅山的险恶地形，给明军一场毁灭性重创。

此时两路明军已经顺利会师，兵临谅山重镇多邦。这里是整个安南的门户，过了这个关口，从此一马平川。整个南征，这是决战。

这里同样是胡家父子的老窝，安南军修了七座堡垒，运载来了可以支用五年的充足军粮。水陆兵力加上后勤民夫，以《明太宗实录》和越南相关史料的对比统计，更达到恐怖的二百万人。这是一个集结了安南举国精锐兵力的防御体系。

而就具体防线布局和军事装备说，多邦更堪称恐怖的“杀人地狱”。城里还有最后一件杀器：象骑兵。而且在象兵的战术上，安南军也极先进，其大象擅长配合城寨防御，以最出其不意的方式杀出。这种象兵突袭战术，仿佛十八般兵器里的流星锤，打起来极其暴烈迅猛。明末清初枭雄吴三桂起兵反清时，就曾把这招玩到纯熟，令骄横的满洲八旗吃了不少苦头。

强敌在望，主将阵亡，明军局势急剧看衰。火线接替朱能的张辅，只用了一段话，就重新唤起了明军的斗志：当年李文忠跟着常遇春打蒙古，结果常遇春半路过世，李文忠火线接替，大破蒙古。他们能做到的事，咱也能做到。

面对这密不透风的防御，和传说中强悍的象兵，张辅也拿出了他堪称书写历史的军事奇招：“特种兵突袭”。先以连绵不断的小规模进攻，牵制安南军的注意力。真正的杀招，却是五千精锐的夜袭，趁月黑风高的深夜，全副武装训练有素的明军夜袭安南军薄弱环节。这个铜墙铁壁防御中最薄弱环节就此被张辅一击即破，九百里顽强防御至此无法做到面面相顾，只要攻破其软肋，便可一举击破。

值得一提的是，完成这次“特种兵”血战的将军，正是当初受命护送陈天平归国却蒙受巨大羞辱的黄中，参战的部队，正是当初经历安南背信弃义伏击的五千战士。以雪耻的名义，五千大明战士浴血奋战，给安南军队上了一堂完美的军事突袭课，如一只迅烈的拳头，将敌人砸得头破血流。胡一元当初嚣张杀陈天平，在这里尝到了苦果。

突袭成功，明军全线攻击，整个多邦防线首尾难顾，外围九百里防线迅速崩溃。但安南军应对经验也十分丰富，立刻收缩防御且战且退。等着明军猛扑上来，他们终于放出了最后的法宝：象骑兵，冲锋！

巨大的象吼声怒涛一般地传来，连强悍的明军骑兵坐下的战马，竟都忍不住战栗起来。但不可思议的一幕竟又出现了：明军骑兵整齐地向两侧靠拢，中央密排了密集的火器，只听一声令下，明军火器齐发，从火箭到铅弹，展开了连绵不断地梯次攻击。如此淡定的火器战术，把迷信“神枪”的安南军，瞬间看傻眼：火器竟能有这么打的?

还没等着傻完眼，安南大象就被打傻眼，密集的火网中，一排排战象轰然倒地，侥幸没打死的，调转屁股竟往安南军的军阵上冲来，于是史书上留下了一段冰冷的话语：安南军自相蹈籍及被杀者不胜计。这场决定南征大局的会战，就这样以大明的完胜载入史册。

眼看陆战打不过，胡一元又玩起了水战。谁知这事更是找死。永乐五年正月和三月，明军先后在木丸江和富良江，两次团灭安南水军。特别是富良江一战，仅斩首数就高达三万九千人，两个月后，胡家全家人被张辅活捉。安南全境，尽数平定。

沦为俘虏的胡一元父子，最后的去向也成了谜。有说法是他们被俘之后，拉到南京斩首。也有说法是他们在中国吃了几年牢饭，最后还是获得特赦。唯一有确切结局的，是胡一元的大儿子胡元澄。这孩子是胡一元家难得的老实孩子，沦为战俘后也不自暴自弃，终于凭其卓越的才能，在明朝获得重用，他改造的各式火器，后来陆续成为明军的主战装备。而他本人不但官运亨达，一度官至工部尚书，更以其卓越的军事科学建树，在明朝得到了一个崇高雅号：火器之神。做战俘做成神，人类战争史都少见。

而更为少见的，是明军这次酣畅淋漓的表现，仅以五个月时间，就轻松灭掉了一个军力强大的地区小霸。后人津津乐道的，是整个战争中，朱棣精心的准备与张辅卓越的指挥。而从根子上说，一直自我感觉良好的安南，军事水平实在与大明不在一个档次。

虽说赢得轻松，明军也没飘飘然，战斗结束后的第一件事，就是明军大量收集神枪，掰碎了认真研究，并先后开发出了十几类新品种。在接下来朱棣征讨北方蒙古的战争里，也令弓强马快的蒙古骑兵，结结实实地尝到了挨打滋味。敢跟这样一个强大且善于学习的对手叫板，胡一元的头脑，确实真一根筋。

而他一根筋的最恶劣后果，就是安南国一度的国灭。由于明军占领安南全境，外加陈家最后骨血陈天平遇害，雄心勃勃的朱棣，干脆做出了吞并安南的决定：永乐五年六月一日下

《平安南诏》，正式将安南改为交趾郡，仿照内地设立布政司，从此再度划入中国版图。

朱棣欠考虑，包袱二十年

但一生精明的朱棣，在这件事上的抉择上，却是极度欠缺考虑：尽管明军强大，但一个已经脱离中原王朝四百年的地区，想要顺利回到版图内，是需要时间去消化的。何况明军讨伐安南，打得是恢复陈家王朝的旗号，结果却自食其言，不招反抗是不可能的。就如同首任交趾布政司黄福在上任前的预言：驭之有道，可以渐安。守之无法，不免再变。

事实正如黄福所预料，之后的二十年一直守之无法，安南的叛乱四起，尽管在战场上，明军占尽优势，特别是张辅，每当安南出乱子，立刻就带兵南下，到了就能杀敌立军功，怎么打怎么赢。可赢的再多，却还是止不住乱子。各地的反抗，摁下葫芦起来瓢，灭了这股，又出来那股。

关键的因素，还是当时的明朝，对怎么经营安南，既事先缺少准备，更事后鞭长莫及。朱棣的战略重点在北方，人力、物力、兵力都优先经营北方，哪里有力量来经营安南。于是长期以来，安南就成了个半死不活的鸡肋。明军留着出乱，抛弃不忍。直到宣德二年十月，朱棣的孙儿，已经被安南问题的经济负担拖得苦不堪言的明宣宗朱瞻基，终于做出了抛弃安南的决定。这个决定的功过，今人一直在争论，但从当时说，确实甩了一个遗留包袱。

一直在安南反抗明朝的安南叛乱领袖黎利，也及时向明王朝低头认怂。最终他扶持的傀儡国王陈皓获得明王朝册封，实现了安南的复国。双方再度恢复了宗主国关系，也从此恢复了友好往来。这距离当年胡一元父子挑衅朱棣找揍亡国，整过去二十年。

世界第二强帝国，向明朝低头

整个中国古代史上，论国际影响力最强大的时代，当属永乐大帝朱棣在位时期。诚如史书所说：幅员之广，远迈汉唐，成功骏烈，卓乎盛矣。

那时代有多强大？从五伐漠北到七下西洋，从迁都北京到万国来朝，从开通运河到《永乐大典》。前代皇帝只敢梦想一两件的文治武功，大明王朝就似一个充满能量的巨人，精彩到完美地呈现。

这是一个中华文明真正傲视全球的时代：雄厚到空前的综合国力，繁荣富强的经济文明，领先全球的军事科技，先进一个时代的军事战术，横扫四方的强大军队。放眼世界，几无匹敌。

但要评选这个时代里，谁是勉强可以比肩大明王朝的帝国？答案也只有一个：中亚的帖木儿帝国。

这个帝国的缔造者，便是在西方大名鼎鼎的帖木儿：先是西察合台汗国的驸马爷，后来篡权开创帝国。它的领土滚雪球般扩张，一战灭亡奥斯曼帝国，把奥斯曼苏丹巴耶塞特一世抓了俘虏。吓得遥远的西班牙国王，都慌不迭认他做义父。这个雄踞中亚的强大帝国，是当时仅次于明帝国的力量。

而对明朝老大，帖木儿的态度曾经特乖。洪武二十年的时候就曾遣使拜见，向明朝纳贡称臣，正式认了“老大”。洪武二十七年又来，这次捧得更肉麻，说大明皇帝朱元璋“为亿兆之主”，他自己更是对朱元璋仰慕到极点，更“祝颂圣寿福禄”。这一通卖力奉承，把朱元璋拍得十分高兴，还派了大臣傅安带使团回访。

但兴高采烈的朱元璋不会想到，表面乖的帖木儿，内心却藏着一个极其疯狂的打算。照着法国历史学家布哇的说法，便是“他终生的梦想就是解除对中国的臣服”。

半路夭折的侵华路

世界老二帖木儿，对于明朝老大的惦记，其实已经很久了。

多年以来向明朝低头装怂，一是知道自己实力不够，二就是刺探情报。在中亚扩张的这些年里，明朝的大事小情，他都了解个大概。东征中国的战略，更是全力筹划。

大明派来回访的使臣傅安，更为此遭难：到了帖木儿帝国后就被扣押，尝够了牢狱之灾，为了逼他投降，帖木儿曾押着他在各地示众。但无论怎样的威逼利诱，傅安始终不为所动，坚强保持着大明的气节。十三年后他终于归国时，已经须眉皆白。这位在今天不太知名的明朝外交家，却真正书写了苏武牧羊般的壮烈往事。

而帖木儿的侵华计划，也更加紧锣密鼓。随后永乐大帝朱棣登基，听说了帖木儿的事迹，便派使者来斥责。装怂多年的帖木儿，这下彻底撕破脸，冲着中国使节一顿发飙，说要亲自杀到中国南京，让朱棣在他面前纳贡称臣。

接下来，这个军事帝国的战争机器，便疯狂地向东开动。先召开了“蒙古人大会”，扯出了“反明复元”的大旗。然后集结了倾国的二十万大军，由帖木儿亲自率领，杀气腾腾奔着明朝而来。

这事儿成功的可能性有多大？且不论和明朝在战争潜力上的巨大差距，更不论劳师袭远的兵家大忌。就说单纯的军事因素：中亚这块地方，战争水平比中国，在整个古代史上都差档次。汉朝以来，在中原被淘汰掉的残兵败将，跑到中亚都能焕发第二春，轻松开创强大帝国。这次帖木儿逆反一把，拿足球赛事比喻就形象：好比一支亚冠联赛赢腻了的豪门，登陆欧冠挑战欧冠冠军，还点名要在人家主场踢。只要对手认真对待，“惨案”很难避免。

而放在帖木儿这边，中国的边儿都还没摸到，打击就连绵不断：除了粮食吃紧外，还遇到了大风雪，士兵马匹冻死极多。疯狂的出征，一上路就冻得哆嗦。

大明对这事的准备，却是相当认真。明成祖朱棣早严令西北边军认真备战。镇守西部边陲的，便是名将宋晟。以逸待劳的优良条件，火力配备先进的城防体系，外加这位老将镇守西北二十年不败，多次轻松吊打蒙古骑兵的高超本事，一场高概率的“惨案”正在对帖木儿虚席以待。

不过不幸（或可以说走运）的是，哆嗦了没几天的帖木儿，永乐五年正月病故于锡尔河。这下后果严重，不但疯狂的出征夭折，他的几个儿子更为了争位互相攻杀，国家陷入内战混乱。所谓“解除对中国的臣服”只是黄粱一梦。

而继位的哈鲁，军事水平比不上他爹，做事却比他爹识相。登位后的第一件事，就是赶紧释放了中国使臣傅安，礼送他回到明朝，并派使者随行，向明朝重新修复关系。

对他悬崖勒马的行为，朱棣也十分表扬。除了厚赐了使者外，还行使了下宗主国的责任：帖木儿的小孙子哈里，因为夺位失败被哈鲁囚禁，朱棣特意派使者白阿尔忻台来到帖木儿帝国首都撒马尔罕，给哈鲁宣读了朱棣的圣旨，说你虐待你侄子，我听了很心酸，你们都是一家人，做叔叔的要爱护小辈，怎么能互相残杀呢？赶紧给我放人。

朱棣下指示，哈鲁不敢怠慢，立刻放了哈里，将他封为诸侯，一家人从此其乐融融。而对使者白阿尔忻台，更以帖木儿帝国的“殊恩大礼”热情接待。随后又派使团到南京回访，送上狮子和贡物。两个一度差点兵戎相见的国家，至此彻底摆脱了战争的阴云。

忠心做小弟

哈鲁一心一意修复与明朝的关系。除了因为早期王位不稳外，更因他看到了与明朝修好的巨大利益。

其中最双赢的，就是商业贸易。经过朱棣特许，每次帖木儿国使团入贡，都带来庞大的商队，除了获得政府赏赐外，还大量地“扫货”。中国的西部贸易出口，在经过宋元两代的衰败后，再现繁荣景象。

而且这个繁荣景象，延续明朝大多数时期。西部历经战乱的甘肃、陕西地区，出现了很多新兴的贸易城市。影响西部经济几个世纪的秦商集团，也从此发展壮大。而对于中亚国家来说，这条商路的重开，更是惠泽苍生的大好事。同时期的中亚商人，常把与中国的贸易，称之为“金路”。

在安抚小弟的问题上，朱棣也极有手段。永乐十四年，明代杰出外交家陈诚出使帖木儿帝国，给哈鲁带来了一份特殊的礼物：一张由明朝宫廷画师绘制的《白马图》，上面描绘了哈鲁进献给朱棣的一匹名马。这下把哈鲁感动坏了，将自己的两个儿子叫出来，设家宴热情款待陈诚。从此之后，历代帖木儿帝国国王，都对大明死心塌地。

陈诚也以自己卓越的外交表现，得到了哈鲁深深的敬重。这位外交家一生五次出使中亚地区，不但与各国国王私交甚厚，留下的回忆录《使西域记》，今天依然是世界各国研究中亚历史的重要资料。

除了感情抚慰外，展示实力也很重要。永乐年间，帖木儿使团多次入贡明朝，接待安排上，朱棣更煞费苦心。永乐十八年，帖木儿国向明朝派出了一支五百人的大型使团，进入中国之后，他们首先由边关军队安置，看到了明朝西北强大的边防和不同民族的战士，齐心协力保卫大明的风采。

而在永乐二十年，他们觐见到朱棣后，除了看到朱棣本人的帝王风采外，明朝强大的国力和军队，更给他们留下了深刻印象。照着帖木儿官员盖耶素丁的回忆录说，当时还没有完全竣工的北京皇宫，风貌已经壮丽威严，庄严的礼仪更是气场强大，宫门两侧排列着十万人的军队，各个威武雄壮装备精良，而最让人震撼的，却是他们清一色的肃立，持久的鸦雀无声。东方帝国强大的力量，就这样沉默矗立在使者们面前。

这期间还发生了一个小插曲：朱棣打猎的时候，特意骑了哈鲁进贡的名马，谁知名马关键时刻闹脾气，竟把朱棣摔了个“大马趴”。这下朱棣生了气，据说发了大脾气，要拿这群帖木儿国的使臣“泄火”，把他们全流放到辽东充军去。

这事传出来，整个使团全吓瘫。好不容易等到朱棣接见，一群人慌忙下拜，争先恐后地磕头，撞得地面都砰砰响。这会儿的朱棣，已经消了气，但还是抱怨了几句：你们进贡的宝马是个什么货，你看把朕都摔成啥样了。

这帖木儿帝国的使臣也是个人精，立刻接话茬解释：这马不是俺家国王骑的，是俺家国王他爹（帖木儿）骑的。俺家国王自己不敢骑，觉得您骑最合适。这话一说，朱棣听了就高兴了，也不管摔得浑身疼，又热情接待了使团一番。

除了这段小插曲外，同样让使者们感到惊叹的，是这个帝国的富强。逗留中国期间，他们还受邀参观了北京的城市风貌，更去多个名胜古迹。中国北方城市的繁荣与富庶，令这群中亚人十分仰慕，并在记录中留下了很多赞誉。这些有关中国强大与富庶的文字，在之后的几百年里，流传于中亚各类史料中。

而与这些外交盛事同时复兴的，是两个国家之后长达近一个世纪的友谊。虽然朱棣之后的明朝帝王们“不务远略”，大规模的出使已不再有，但是中亚国家的使团朝贡，却是时常到来。而繁荣的陆上丝绸之路贸易，也成了西北一景。西安等地直到明末，依然还是胡商云集的西部贸易都市。军事的喧嚣也许只能盛极一时，文明的交流才是永久。

各有难念的经

穿越到明朝

衣食住行都是规矩

如果回到大明朝，成为普通老百姓中的一员，那么，一件很痛苦的现实便是：规矩多。如果仅看朱元璋开国时期创立的明朝社会体制，以及那个体制下老百姓的生活，我们恐怕很难把明朝同“丰富多彩”四个字联系在一起。因为朱元璋所创造的社会体制，是一个等级森严、条令严苛、管理严格、简朴刻板的世界。

明朝的规矩名目繁多，衣食住行，样样都有严格的条令，违规的代价很大，稍微不留神就很可能是牢狱之灾。

就以穿衣服来说，明朝初期特别是朱元璋统治时代，是一个穿错衣服后果很严重的时期。明朝社会阶层有严格划分，不同等级的人群都有各自穿衣服的规定，一旦穿错就等于是“僭越”大罪，将被国家处以重刑。

但要想不在穿衣服的问题上犯罪，却也是相当辛苦的，尤其是如果我们以现代人身份穿越到明朝，想要不栽在这条上更是困难。一是要考验自己的背书能力，明朝穿衣服的规矩极其繁琐，从发型到服装无所不包，比如束头，全国的成年男性都要束发，官员要戴乌纱帽，穿圆领袍，着黑靴；士子百姓要戴四带巾，穿杂色盘领衣，不得穿玄黄颜色；教坊司乐工要戴青色顶巾，系红绿帛带。女性方面，普通老百姓的妻子，可以允许戴银质首饰并在上面镀金，耳环可以戴黄金耳环并佩珍珠，镯子则必须佩带银镯子；乐妓要戴银角冠，绝不能和老百姓的妻子穿一样的衣服。

上面的这些规定，只是衣着服饰规定的笼统内容，具体到穿衣的面料、样式、尺寸、颜色上却更是条令多多。王公贵族和职官，有权穿着锦绣绸缎，普通老百姓家只准穿着素衣绸缎。商人更惨，只能穿绢和布，有钱也不能穿绸子。

而具体到官员身上，不同等级的官员，穿衣服的规定也是不同的，官员之间身份的差别，主要通过官服上的图案来界定，官职不同，官服上的动物图案也就不一样。文武官员的服装也有区别。这其中，担负教育任务的教官们，也有特殊的服装，各地教官上任，国家都要赐予衣服，同时学校的训导，也要被赐予冠带。生员们按规定戴软巾，腰系垂带，衣着襕衫。而在生员考取国子监后，则要被赐予遮阳帽，即明朝人所说的举人圆帽以示区别。不同的衣服，标志着不同的身份，我们如果穿越到明朝去，在大街上不用问，只凭路人的衣服，就可判断出其身份职业。而我们如果生活在明朝，在不同年龄段，我们所穿衣服的改变也意味着我们人生的轨迹。

和穿衣服一样，吃饭在明朝，也是有学问的。

明朝人的饮食在明初也有严格的等级界限，比起元朝末年的享乐风尚，明朝初年吃什么、怎么吃都是件一不留神就要命的事情。

首先餐具就有严格的规定：公侯以及一品、二品官员，酒盏要用金制，其他餐具用银制；三品到六品官，酒注要用银制，酒盏用金制；六品到九品官，除了酒注和酒盏用银外，其他餐具必须用瓷。在明朝初年的餐桌上，和穿衣服穿错的后果一样，宴会上摆错一件餐具，也同样是要被办罪的。森严的规矩下，明初吃饭的内容也很简单。

比起吃来，明朝人的住房同样体现了森严的等级制。首先是王府的级别，明朝亲王的府邸、正门、前后殿、四门、城楼都要用青绿点金装饰，廊房要用青黑装饰。而王府的规格乃至房间数目，也都有严格规定，亲王如果擅自装修房间，甚至多盖府邸，那可不是闹着玩的，重了可以直接被处以谋反大罪。公主的府邸则又有区分，不能用金色装饰。

官员的住宅规矩更多，根据不同的品级都有不同的规定，不但外观上区别很大，甚至房间内部的厅堂以及桌椅摆放，规矩也同样多。外观构造上，官员的住宅里不许建歇山转角、重栏重栱，不许有彩绘图案。厅堂的房间数量，根据官职的大小也有严格区别：一品、二品官员家的厅堂，规定有五间九架；三品至五品的厅堂，规定有五间七架；六品至九品的厅堂，是三间七架。在屋脊门屋的图案上，更有严格的区别，修错了房，画错了图案，对于明朝官员来说，很可能就是一辈子全完蛋。

老百姓的房屋，更是不能超过三间五架，连彩色装饰都不允许有。对于官员来说，这种住宅规定也是有继承权的，比如某官员官居一品后去世，他的儿女们仍然可以住在一品官员等级的房屋里。如果房屋的图案上，出现了诸如日月龙凤等象征皇权的内容，同样要以谋反论罪。

明朝这种森严的等级制度，在明朝开国之后，构成了明朝森严的社会秩序。按照明末历史学家谈迁的话说，也正是这种制度使明初成为了明朝历史上“犯罪率”最高的朝代。

生活在明初的老百姓，有时候一不留神就会犯法。比如穿错了衣服要犯法，朱元璋在位时，曾经有群军汉当街踢球玩乐，出汗了为凉快，就把裤腿挽起来，结果一挽裤腿就“违制”了，接着一群公差上来，把这群军汉抓走，不久后宣判，所有挽裤腿的军汉的脚都被砍掉。踢球尚且有那么大风险，处处都要谨慎。如果真生活在朱元璋统治的时代，想想都害怕。

社会福利好

从明初的社会制度上看，穿越到明朝做老百姓，很多方面是很痛苦的。但事实上，无论明初还是明末，做明朝的老百姓，也有幸福的一面——福利好。

在中国历代封建社会中，明朝是一个社会福利比较高的时代。这个功劳，首先当感谢朱元璋，他的三大福利政策分别是“养济院”“漏泽园”和“惠民药局”。

所谓“养济院”，就是负责收留城市中的鳏寡孤独的福利院；漏泽园，就是国家公墓，免费埋葬过世死者；惠民药局，就是免费医院，可以免费看病和免费领取药品。

朱元璋甚至还规定，如果城市里发现了无家可归的流浪汉，或者是发现了生活不能自理且无人照料的残疾人，那么地方官就要被追责，轻则撤职查办，重则下狱问罪。朱元璋甚至还曾经于南京郊外修筑公房，安排无家可归者居住，尽管这项政策，限于封建时代的经济条件，未能全国推广，但也算是一项很大的福利。

除了这些福利机构外，明朝的福利待遇也好的很，以“养济院”为例，凡是被收留的，每月都会给予大米三斗、库布一匹。以至于许多生活并不贫困的骗子，也假装穷人被收留进来，且赖在里面不走。而如果遇到水旱灾害等情况，对于因此而无家可归者，明朝更免费给予稻种、耕牛，并赐十五亩田地。到了明英宗朱祁镇在位时期，明朝更出台了世界上最早的国家养老制度——优老之礼，即年满七十岁以上的老人，国家就要赐予爵位，每月给予生活补贴。

这种全民福利，也造就了明朝三个世纪的凝聚力。即使在部分皇帝昏庸、政治腐败的时代里，明朝的老百姓对待国家依然体现出了不离不弃的深厚感情，比如土木堡之变后的北京保卫战，不但明军三军用命浴血拼杀，战前京城的百姓甚至还自发捐钱捐物，支援朝廷。而在战斗打响后，北京周边百姓还有人跳上城头，自发参加战斗，用石块做武器投掷瓦剌骑兵。明朝中后期虽然军备废弛，但史不绝书的，却是明朝北方边境上，边镇百姓常常与驻军合力死守孤城并击退强敌的佳话。

如果穿越到明朝的城市，特别是中后期商品经济高度发达的城市里，那么你的生活将是丰富多彩的。

明朝的市民文化有多繁荣，看看《明史》上的形容就知道了。由于明朝中后期商品经济发达，人口流动加剧，明朝的城市也高度繁荣。人口数量激增，行业鱼目混杂，三教九流云集，在这样的城市里，一个人奋斗的途径，也变得日益多样。

比如说如果你是一个文士，考科举考不上，放到其他朝代，要么做个教书先生，要么回家种地，很可能清贫一生。放在明朝却有许多新的出路，比如可以给官员做师爷，给商人做参谋，甚至还可以去给戏班子写戏。

走在明朝的街道上，你可以看到各色人等：志得意满的达官显贵、衣着华贵的商人……甚至连妇女都有许多新职业，比如出入于官宦小姐家的女帮闲等。许多当时造访中国的欧洲传教士认定，明朝城市的繁荣程度远在同时代欧洲城市之上。每一个明朝城市在外人眼里，都是一个充满诱惑力的花花世界。

在这个世界里做老百姓，奋斗的内容，也是可选择的。比如如果你要打工，到了一个城市后，首先要找当地的“会馆”，也就是由你的老乡开的“招待所”，在会馆登记注册后，就可以白吃白住，然后会馆负责给你找工作，找好工作后就可以合法在当地自食其力。但是，如果你工作不满一个月就自己辞职，后果就是严重的：名声算臭了，在当地无法再混了。

明朝城市的工作在当时也是五花八门，除了可以做工人，做佣人外，就算是青皮混混，在城市里也有行业—— 青手。这个职业有两个业务，一个是打人，比如收人钱财后替人修理人；二就是替人挨打，比如某人犯了事，要被衙门打板子，不想被打，就可以花钱雇青手替自己挨打，通常挨一次打收费十两。干这个行业，就算没胆量打人，只要能咬牙挨打，也绝对有机会发财。

按照当时规定，秀才都有国家补贴，这个到了明末也照样有，但数目三百年来基本没变，物价却翻了不知多少倍。这些钱放在明初，足够给秀才养家糊口，放到明末，却连喝西北风都不够。这种情况下，明末的秀才也只好自谋生路，个别没骨气的，就要求人接济，俗语“打秋风”就是这么来的。而有骨气的秀才很多也都转行，最多的是转行做生意。明朝中后期，出身读书人的商贾越来越多，好多还成为了一时的富贾。形成对比的是，许多商人有了钱之后，第一件事是花钱买一个生员名额，以图有个身份。

士大夫阶层有钱有闲

而在那个时代里，生活压力最小、既有钱又有闲的阶层当属士大夫阶层。

明朝中后期士大夫阶层的特点，一是极端富裕化，二是极端享乐化。明朝贫富差距的拉大，反映在知识阶层——就是有科举身份和官员身份的士大夫们—— 生活大多高度富裕，富裕的他们的生活态度也和前人不同。

按照沈德符《万历野获编》里的说法，明末的士大夫们的人生追求就是享受再享受，奢靡再奢靡。比如吃，那是不惜千金，珍奇野味无所不用其极。又比如穿，极尽奢靡。再比如业余爱好，有喜欢流连青楼的，也有喜欢混迹戏班的，这两样在明朝开国时期是绝对不允许的丢人事，到了明末却成为风雅事。

明朝士大夫们，常有人喜欢为戏班子写戏，更有人喜欢亲自登台演戏。混迹妓院更是如此，放在明初，官员进妓院铁定是要丢官的。而在明末，官员进妓院，不但是一件风雅事，甚至还是炒作自己的手段，如果能博得某个知名妓女的青睐，甚至抱得美人归，那在官场上的知名度铁定“唰唰”地长。典型例子就是娶了柳如是的钱谦益，虽然在当时被骂得要死，结婚的时候花船一路被人扔臭鸡蛋，但名声算是出来了，后来他一跃成为东林党干将和这个不无关系。

王爷，养不起

明朝三个世纪以来，一个贯穿始终的政治问题，就是藩王问题。

分封藩王，是历代封建王朝的通用制度，朱元璋建立明朝后，也沿用了这一制度，从目的说，正如朱元璋所说："以藩屏帝室"，就是用藩王权力来巩卫中央。

本着这个目的，朱元璋做了一件公认的错事：洪武年间分封的藩王，不但待遇优厚，而且军政权力极大。尤其是有兵权，北方几个藩王，诸如宁王、燕王、谷王、辽王等王爷，更掌握着明朝精锐武装，各个雄视天下。

但对这个潜在威胁，朱元璋也不是没有预判，明朝藩王制度相较前代，一个进步就是管理严格：特制了《天潢玉牒》，凡有皇室子弟出生，就要记录在册，封赏赐爵乃至皇位传承排序，都是按照玉牒来。另一点就是重视教育，朱元璋还编写了《永鉴录》和《御制纪非录》，这两个材料，记录了历代藩王的作恶教训，发给各地藩王学习，告诫他们要忠心为国，免蹈覆辙。同时规矩也多，藩王们穿衣服不注意，盖房子盖出格，出门仪式招摇点，都很可能给扣上"违制"的帽子，按谋反来处理。

但千防万防，却还是防不胜防。手里有兵，就有造反的风险，外加朱元璋的制度，本身还有个漏洞：明朝藩王制度规定，如果中央有奸臣弄权，藩王就有权起兵巩卫皇室，清除奸臣。结果，朱元璋死后，燕王朱棣起兵造反，夺了法定继承人建文帝朱允炆的皇位，起兵的名义叫“清君侧”，钻的就是这个空子。

朱棣削藩很聪明

作为藩王叛乱的胜利者，永乐皇帝朱棣，对于藩王拥兵的危害，自然感同身受。在坐稳了皇位之后，除了清算建文帝旧臣外，他大张旗鼓做的另一个事情，就是削藩。

其实削藩这件事，早在建文帝当政的时候，就已经开始办，不但当时的朱棣被恶治，其他诸如周王、代王、齐王，不是被削去王号，就是惨被关押。而在朱棣登基早期，为收拢人心，对这些倒霉王爷们，也曾大力安抚。

朱棣杀进南京后，第一件事就是给藩王平反，之前被建文帝修理过的藩王们，大都恢复了爵位。另外还有优待，不但提高藩王们的经济待遇，还提高王府官员的品级。封赏也很大方，比如对周王，一即位就赏赐了两万多钞。接着周王过生日，更又送了大批财物。《万历野获编》里说他那时对藩王“倍加恩礼”，真如春天般温暖。

但春风拂面过后，接下来就是电闪雷鸣。削藩行动开始了。

早在对藩王无比恩宠的时候，朱棣就已经行动，在各位藩王的身边密布眼线，严密侦测一举一动。而且这帮藩王们，除了蜀王、周王等少数人，大多数都劣迹斑斑。罪过不难找，就看时机。

最先倒霉的是宁王朱权，早年宁王坐镇北疆，手握重兵，一个不留神被朱棣挟裹了造反。事后朱棣也很关怀他，把宁王迁到南昌，说是给他个经济富庶的好地方享受，其实是监视起来。随后就百般找茬，偏宁王本身也爱发牢骚，闲暇时常有怨言，被朱棣知道了，立刻派人搜查，虽然没找出什么证据，但明白利害的宁王，就此吓得不轻，从此沉迷鼓琴诗书，绝口不提政事，总算躲过一劫。

比起接下来其他人，宁王的遭遇，其实还算好。

紧接着倒霉的是代王，刚恢复了爵位，没半年就被朱棣治了三十二条大罪，虽然勉强保住爵位，但兵权基本被削光，成了死老虎。齐王很嚣张，恢复爵位后恶性不改，甚至还杀死了地方官，这下朱棣逮住由头，永乐四年（1406年）五月将齐王囚禁南京，子孙废为庶民。类似倒霉的还有珉王和肃王，都是被揭发过错，然后严肃处理，王号都被削夺。

而其中最传奇的，却是周王朱橚。他本身是朱棣的同母兄弟，按说关系最亲，但也因此张狂，甚至还在封地上张榜贴文，给地方官发号施令。这下触了朱棣大忌，期间几次被削去爵位，几次又宽大处理复爵，一直到永乐十八年（1420年）十月，朱橚再度被告发，而且朱棣放话说要严办。这次朱橚终于悔悟，进京哭求免罪，总算再次宽大，被削去了护卫兵权，从此老老实实。

但这个几次被削的朱橚，却还有另一奇功，他是明初杰出的学问家，特别是眼看仕途黯淡后，他更是闭门研究学问。他埋头编著的《救荒本草》，更堪称《本草纲目》之前中国内容最丰富的中医宝典。另还有著作《普剂方》，更是中国古代最完备的方剂学著作。这位削藩削出来的大科学家，以其杰出的学术贡献，值得后人纪念。

经过朱棣一番动作后，明初几位势力极大的藩王，都被削得损失惨重。而边境上的藩王们，更大多被迁入了内地。比如辽东、宣府等边境地区的王爷，更几乎无一幸免，哪怕保留爵位，也要挪地方。这样的后果，一是巩固了中央权力，但更深远的后果，作为边境重地的辽东地区，防务大为削弱，从此都要靠当地部落镇守维护。后来努尔哈赤的起家，这时起就挖了坑。

即使这样，朱棣还是不放心，对于存留的藩王们，更是极力削减力量，各地藩王的武装，被想方设法削减。藩王干涉军务乃至地方政务的现象，更是明令禁止，发现了就抓。在那以后，明朝对藩王的禁令越发严苛，甚至藩王们不但不能与官府结交，更不许从事士农工商之类的行业。连出城郊游都要被监控。至此以后，所谓位高权重的藩王，大多成了一群锦衣玉食的高级囚徒。

朱棣的削藩，从效果说，是立竿见影。之后明朝虽然也发生过藩王叛乱，但几乎每一次都被迅速平定，从没闹出过“靖难”那样的大折腾。而藩王们的生活，也从生下来就注定：只要不乱说乱动，生活还算美好。

藩王从此养不起

在永乐朝之后严厉地削藩下，明朝的藩王们，政治上没了出路，生活上，却总算还有追求。

因为明朝的藩王制度，一个最大的麻烦就是历代分封不断，只要是皇室子弟，就要分封给爵，就是要用国家的财政，把王爷们养起来。日久天长，越养越多，财政负担也就越大。

明朝养藩王的开支有多大？看看制度规定就知道：皇帝的其他儿子，要封亲王，亲王的世子袭爵，其他儿子都是郡王。郡王的长子袭爵，其他儿子要封镇国将军。再往下，镇国将军的儿子们，要封辅国将军，辅国将军的儿子封奉国将军，奉国将军的儿子封镇国中尉，如此世代传承，宗室里靠国家财政养活的“寄生虫”可以说是几何级数增加。

而从财政开支说，亲王的固定工资，即禄米，每年就有一万石，郡王是两千石，镇国将军一千石，辅国将军八百石。其他的各类爵位，更都有数额规定，累积下来，本身就是个天文数字。另外还有每年不固定的各类赏赐，有时候甚至比固定工资还多。

而对于藩王来说，政治上没自由，吃饭穿衣受限制，但生孩子的自由，却是绝对有。大多数的藩王都是逮着机会可劲生。生了就要给待遇，世代繁衍下来，人数滚雪球一样增加。

就拿《天潢玉牒》里的记录说，到了嘉靖初年，明朝的宗室总数，就比明初膨胀了上千倍。万历年间，总数长到三十多万，明末天启年间，更有六十多万。

所以自此以后，明朝历代皇帝面临的藩王问题，也就因此不同。明初的皇帝，愁藩王们造反，明中期以后的皇帝，愁怎么养活这群人吃饭。

这个问题，嘉靖年间明朝御史林润的奏折里，说的就很清楚：天下供应京城的粮食，每年四百万石，但各王府消耗国家的粮食，每年却有八百万石。具体到地方上，军事重镇山西省，每年存留粮食一百九十万石，但当地王府消耗粮食，却有三百多万石。河南省存粮九十四万石，当地藩王消耗粮食，却有一百九十多万。也就是说，全国的税粮加起来，也填不满藩王的嘴。

而除了这些固定的财政补贴外，各地的藩王们，其实也都生财有道。搞政治没前途，搞经济挖国家墙角，那是各个都有一套本事。

最固定的办法，就是“钦赐”，就是向朝廷讨要土地。在明朝中前期，比如宣德、正统年间，明朝赐予藩王的土地，通常都是几十顷，到了明朝中期，就有了几千顷，比如明孝宗的弟弟兴献王，就藩的时候，一次就赏赐给他四千多顷土地。等到万历、天启年间的明末，更是变本加厉，比如万历皇帝最宠爱的儿子，福王朱常洵，一次赏赐庄田就有四万顷。

这样做的恶果可想而知：肥了藩王的腰包，却坏了国家的财政，赐出去多少田地，国家就流失多少财政收入，外加每年巨额的恩养藩王的开支，哪怕是太平年月，国家的财政，也常捉襟见肘。倘若赶上闹灾打仗，更时常穷得叮当响。

而且即使如此，藩王们还是不消停，大多数藩王，一辈子都在想尽办法发财，通用的招数，就是侵占民田。

侵占民田的招数，也有好几种，一种是造假，就是故意把看中的好田地，勾结官府指认成荒地，求得朝廷赐予，然后强行侵占。另一种叫“投献”，就是很多交不起税的小民，自愿把田地放在藩王名下，以此来逃避税赋。如此一来，明朝中后期的土地兼并，也就越演越烈。

到了明末，土地兼并极为剧烈的河南地区，当时号称“中州地半入藩府”，也就是说差不多一半的土地，都被藩王侵占。与之对应的，河南成了明末农民起义的“重灾区”，那位曾一次性拿到四万多顷赏田的福王朱常洵，后来更被农民起义领袖李自成杀掉。而在整个明末农民战争中，藩王们的巨额财富，平日里藏着掖着，舍不得拿出来，一闹农民起义，几乎都被农民军打包全收，成了农民军的钱粮资本。后来明朝亡于农民起义，从这个角度说，藩王们做了“大贡献”。

《宗藩条例》玩真的

明朝藩王的这些大问题，历代明朝君臣们，也不是没有重视，许多有识之士也一直想尽办法，遏止其日益膨胀的危害性。其中最著名的，便是嘉靖年间的《宗藩条例》

嘉靖皇帝朱厚熜，即位于1521年，这时明朝的藩王制度，经过近两百年的发展，已经成了一个大负担。

这个负担多沉重，说几个当时的情况就知道：嘉靖七年国家全年的财政收入，只有130万金，然而每年的财政支出，却高达241万金，占支出项目第一位的，就是宗室开支，占第二位的，美其名曰武职开支，就是供应藩王以下，诸如镇国将军、辅国将军之流的角色，全是为了养活这帮人。

而当时的藩王宗室，不但人口多，滥支国家财政的现象也更严重，向朝廷要赏赐，更常常狮子大开口。不但藩王要养，藩王下面的子弟们，乃至子弟的亲眷们，七大姑八大姨，八竿子打不着的亲属，都敢巧立名目要赏赐。按照户部尚书梁材的说法，明初的时候，如果养活一府的藩王，需要一万石粮食，那么现在同样的王府，就需要至少十三万石。梁材还发出了一个惊人的预言：百姓的税粮有限，藩王的繁衍无穷，这样继续下去，后果不堪设想。

放在明朝政治下，官员如此指责藩王，是需要勇气的。而且嘉靖皇帝朱厚熜本人，就是以藩王身份入继皇位的，给这样一个背景的帝王说这事，可以说极其不给面子。但局势严峻，面子也不顾。嘉靖皇帝也看到了问题所在，命令群臣设法解决。

自此以后，明朝也出台了一些相关管理规定，比如严格审查，发现冒名请赏的一律严办。此外还加强教育，给藩王们办学校，教育他们要为国分忧，勤俭节约。另外还有“均人役”，就是改革以往的免税政策，令藩王分摊部分国家税赋。这几样政策，确实也省了不少钱，但解决不了根本问题。

其实在这期间，最有效的办法，也有人提出来过，就是当时礼部尚书霍韬提出的“定子女”。内容是把藩王们的后代们，特别是旁支庶出的后代，尽可能编入民籍，允许他们参与士农工商活动，从此自食其力。如果照此实行，藩王资格门槛提升，增长幅度必然大为减少。但嘉靖皇帝思考半天，还是决定“从容审处”，毕竟牵涉十几万藩王的利益，不是小事。

一直到嘉靖皇帝晚年，即嘉靖四十一年（1562年）十月，御史林润的奏折，再次震惊了朝野。在这封奏折里，林润不但揭露了恩养藩王开支巨大，国家难堪重负的严峻现实。更指出先前朝廷的各色规矩，都是小打小闹修补，如果要彻底解决问题，必须要出台一部根本法令，作为后世遵循的准则，即“以垂万世不易之规”。

这封奏折着实有效，嘉靖皇帝也明白，有些事必须要抓紧办了。随后经过多方讨论，终于在两年之后，由礼部尚书李春芳主持，出台了著名的《宗藩条例》，内容共六十七条，核心内容有二：第一，严格限制藩王们的妻妾人数，娶老婆都要礼部审核。藩王子弟赐爵，更要有资格审查。第二，对藩王的开支进行财政核算，削减大笔无用开支，更减少原定的固定“工资”数额。从那以后，藩王们从袭爵、赐田到日常开支，都有了严格的监管，挥霍无度的日子，不是那么容易了。

在明朝中期，《宗藩条例》的作用也十分巨大，嘉靖身后的隆庆、万历年间，明王朝在藩王开支方面，也大大缩减，国库也日益充实，后来的“隆万中兴”，确有这方面原因。但这个著名的条例，还是难以治本，不但对于朝廷赐予藩王土地没有规定限制，关键的“定子女”这条，也是毫不提及。藩王后代的寄生虫角色，依然丝毫未变。

而对于诸多藩王子弟来说，《宗藩条例》还带来一个恶果：藩王后代们请爵、封赐都要礼部拍板，而且随着明朝财政日益拮据，礼部对此卡得也越发严。得不到名分的藩王，既没有国家养，更无法入民籍，自食其力的工作，别说干不了，朝廷也不许干，就此没了活路。到了明朝崇祯年间，好些藩王因为得不到名分，又不许出去工作，竟然活活饿死。

大明军制揭秘

大明朝的兵，曾经多么能打

明朝另一个让后人激动不已的特点，就是强硬的风骨。整个三百年，从生到死，从未有过割地赔款送公主的窝囊事。哪怕最后悲情亡国，从上吊的崇祯到就义的永历，都是悲壮殉难，毫不偷生。刚烈风采，几百年来一直令人敬佩。

而如此强硬的风骨，首先来自大明朝三百年来的自信：军队能打。

明军的战斗力有多强？看看他们怎么开的国就知道：面对横扫全球的蒙古骑兵，硬是从南到北逆袭，将元王朝最后的精锐家底打得灰飞烟灭。最后一路追杀到满目荒凉的捕鱼儿海，以全歼北元十万大军的强大战绩，送了这个中国历史上版图最大王朝最后一程。

而且明朝军队的恐怖之处，更不仅是曾经能打，而是从开国到亡国，一直都很能打。明初前三代皇帝时期，多次深入草原，追杀鞑靼、瓦剌部落。后来虽然一不留神，闹出个皇帝被俘的土木堡之变。但很快又缓过劲来，成化至弘治两年，多次精锐出击，三次差点活捉蒙古可汗。后来嘉靖年间，北方有鞑靼侵扰南方有倭寇肆虐，双线作战的困难下，也曾一度衰得不行，既让鞑靼打到北京城下，又叫倭寇摸到南京城下，可吃了几次亏后，还是很快缓过劲来，往北有马芳、王崇古打得鞑靼求和接受册封，往南有戚继光、俞大猷杀到安南万桥山，把倭寇赶尽杀绝。后来著名的万历三大征，更是从里到外，完美全胜。

哪怕是后来后金起家，八旗劲旅杀来，明军虽然一度败绩连连，可双线作战十多年，一直还能苦苦支撑。几次重大战役，如果不是高层瞎指挥，完全有翻盘大胜的大好机会。哪怕最后半壁山河沦陷，南明永历小朝廷，依然可以送给如日中天的清王朝几次惨败，不但击毙敬瑾亲王尼堪，还在眼看要败退缅甸前夜，送给清军精锐一场磨盘山惨败。这支军队强大的恢复能力和顽强的生命力，堪称中国古代史上的奇迹。

如此强大的能力，首先来自勇敢的士兵。说起明军的士兵，就得先说明朝的军事制度。

卫所制下的士兵

明朝建国的军制，叫卫所制。按照官职等级的划分，最高军事机关叫“五军都督府”，也就是设中、左、右、前、后五个都督府，五个都督府不相统辖，分别管理京城以及各地的军队。地方各省的军事长官，叫做都指挥使，指挥使下面，就是基层军事单位——卫所。

卫所中的“卫”和“所”，其实是两级军事单位，卫的士兵总数为5600人，管辖五个所，每个所的人数在1120人。卫所的最大特点，一是军事保障自给自足，国家划拨给卫所土地，称为军屯，军队除了操练之外，还要耕种土地维持生活。卫所的成员除了士兵外，还有士兵家属，称为“军户”，属于世袭当兵。划给军队的土地，则称为军屯。

这种制度的好处，一是国家节约了大量的军费开支，而且可以保证维持数目庞大的常备军，军屯的生产更能增加国家财政收入，按照朱元璋的话说，就是“养兵百万，不费国家一粒钱粮”。二是确保军队的绝对忠诚，卫所制度确立后，军队的权力也被拆分，五军都督府虽然是军队的最高机关，但是都督府对于军队只有管辖权而无调度权，统兵打仗调度军队，要有文官负责的兵部来执行，没有兵部的命令，调动百人以上军队就形同谋反。

而一旦遭遇对外战争，明朝军队的集结，则是通过向各卫所调兵的方式，再给予统兵大将带兵权，称作专征。虽说打仗的时候在一块，但打完了仗后，参战的士兵，哪个卫所来的回哪里去，相互间不相统属，比起唐朝同样性质的府兵制来，卫所对于士兵的控制力更强，既保证士兵的战斗力，也能杜绝将领培植私人势力。

所以终整个明朝，军队始终保持着对中央集权的绝对拱卫，除了由藩王引发的“靖难之役”外，从未发生过地方军事长官脱离中央割据自立的事。而在这套制度下，明朝军队的总人数，也创造了中国封建社会的历史记录——洪武年间在册的军队总数，多达一百八十万。

而如果成为卫所制度下的一个士兵，那么在明朝的户口本上，户口写的就是“军籍”，和普通老百姓是不一样的。普通老百姓的户口叫“民籍”，是归明朝“六部”中的户部来管辖，而士兵则是由卫所所属的都督府来管辖。

如果入了军籍，那全家都是军籍，而且世代不能脱籍为民，可谓一人当兵，全家都是兵，而且代代都是兵。士兵的家属，就被称为军户，家里当兵的士兵，被称为正军，士兵的儿子，则被称为余丁。如果“正军”在战斗中不幸牺牲了，那么这个名额就由这个家中的“余丁”来继承。如果说这个家庭所有的人都牺牲了的话，那么这个家庭的军户名额，就需要从这个家庭的籍贯所在地，重新找一户家庭来递补。

而在待遇方面，军户家庭是有一些好处的，比如国家会划拨给军户家庭私田，由军属来耕种，并按照户部的赋税规定缴纳赋税，但家中当兵的“正军”，却要去耕种国家的土地——军田。军田产权属于部队，早期由士兵耕种，后期因为士兵逃亡过多，主要招纳流民耕种，需要缴纳规定的赋税，其实就是给国家当佃农，公田的收益，就是明朝早期军费开支的主要来源。同时，军丁还需要负担戍守京城的任务，一旦被选中了，那么每年农忙过后，就要调度到京城守卫，路费要自理，而且要到第二年农忙开始前才能回去，可谓来回折腾。

而作为一个普通士兵，在这个体制下的艰辛是很多的，首先是任务重，明朝卫所制规定，边境上百分之三十的军队用于作战，百分之七十的士兵用于种地。而在内地卫所，通常是百分之八十的士兵用于种地，百分之二十的士兵用于作战。

虽然明朝早期设定了严格的军事训练和考核制度，定期就要抽调考核训练，还要给予赏罚，尤其是作战部队成员，通常都是考核中的优秀者。但是绝大多数的士兵，日常的主要工作还是种地。而且即使是种地，受的盘剥也是极重的，家里的地，要按照民田的赋税缴税，而士兵工作中种的地，要按照比民田高得多的税，向部队缴税。另外定期还需要抽调服役，到京城值班。一旦遇到战事，如果编入了作战部队，更需要按照命令开赴边境，执行保家卫国的使命。

而随着明朝政治的日益腐败，卫所制也出现了大问题，其中直接的问题就是：军队的士兵和土地大量流失，被划为了私产。士兵的流失，主要有几个原因，一是土地兼并，大量本来属于军户的私田，被豪强地主以及军队将领，用各种名目私吞。军户没了地，却还要承担国家的赋税，最后没办法只能跑路。

同时正军所负担耕种的军田，也容易被当地军事将官吞并，原本给国家当佃户的士兵，变成了给将领自己家当佃户。

发展到明朝中后期，士兵的地位更加低下，在明朝初期的时候，擅自调动一百名士兵就形同谋反，可到了中后期，士兵们经常被调动，给达官贵人家里干私活。没有了土地经济的保障，士兵人员也严重缺编，经常是账册上有数目庞大的士兵数量，仔细一查对却完全不是这么回事，而且仅有的士兵，也经常是一些老弱残兵。

如此一来，曾经横扫天下的大明军队，就变得越来越不给力了。明朝战斗力的退化，从中期开始局面就非常严重。比如“土木堡之变”后，名将郭登临危受命，担任边防重镇大同的总兵。到任后才发现，按照账册，大同原本应该有兵马八万多，实际却只有一万多。边防重地尚且如此，其他地区可想而知。嘉靖年间，蒙古鞑靼部可汗阿勒坦发动庚戌之变，率军打到北京城下，当时号称明朝最精锐的十二团营，却多是老弱残兵，根本不敢迎战，逼得明王朝无法，只得假装媾和拖时间，等着各地增援部队赶来了，这才把阿勒坦逼退。

而相比于卫所制的这些问题，对于士兵们来说，卫所制的另一大问题，就是它的僵化。在这套制度下，将领的后代永远是将领，士兵的后代永远是士兵，当兵的种地打粮或者修墙铺路，都基本上很难出头，除非是战场上立了大功。可具体到卫所里，进入作战部队的几率，在边境是百分之三十，在内地是百分之二十，进了作战部队，碰到立功机会，也同样是困难的，如此一来，士兵自然没积极性。随着明王朝的演进，越发失去保障且没有积极性的明军，战斗力也一度直线下降。

更有积极性的募兵制

相对而言，作为士兵最容易出头的，却是在明朝中后期的一种新制度—— 募兵制。

和中国历代封建王朝一样，每当国家传统军事制度世兵制走向衰落的时候，募兵制就开始地位渐重。然而对比唐宋各朝，明朝的募兵制却也有自己的特点，首先是虽然募兵制形成了以将领个人威权为核心的军队，但没有任何一位建功立业的将领，可以威胁到国家的威权，这点和唐朝藩镇割据时代的骄兵悍将是不一样的。明朝封建体制的成熟之处正在于，它可以通过有效的监管，对募兵施行监督，既确保军队打胜仗，又确保军队的忠诚。

明朝的募兵制度，从建国早期就有，比如明朝洪武年间，就有地方卫所招募民壮，用于边境防御。明朝正统、景泰年间的土木堡之变以及之后的北京保卫战中，明王朝也多次以国家名义招募壮丁，参加对瓦剌部的作战。然而那时候的募兵，还处于附属阶段，一般都是招来了就打仗，打完仗领钱回家，并非明朝常备的军事制度。

募兵制真正以法律形式固定下来，是在明朝弘治（1488—1505年）年间，弘治二年（1489年），明孝宗颁布了《佥民壮法》，规定各省必须要从民户中，抽调精壮百姓为民壮，这些人平时训练，战时若有需要参加战斗，作战经费由朝廷划拨，立功有赏。严格意义上说，民壮和募兵还是不一样的，民壮是一种民兵组织，其成员身份，也只是临时壮丁，而非正式国家军队，然而这个法令的颁布，却为明朝中后期大规模募兵奠定了基础—— 募兵的选择范围，主要就是以当地民壮为基础。

而相比于民壮的民兵身份，募兵的成本显然要高得多，一旦招募为兵，就要按月发军饷。而在这之前的朝代，募兵之所以容易造成悍将割据，主要由于募兵是由将领主持，选进来的兵，自然就成了将领自己的兵，日久天长，这支招募来的部队，就成了将领自己的军队。等于是拿着国家的钱，养了自己的兵。

这种傻事明朝显然是不干的，从头到尾，明朝募兵有着一套严格的审判程序。地方官是没有权力私自募兵的，每招募一支新军队，都需要朝廷批准，并且由朝廷派专人主持。这支军队成立后，其监管也是相当严格的，虽然部队由武将带，但上头有文官统帅，部队里也有监军督查，相互间互相制约。因此再强悍的部队，也无法割据自立。

而对于士兵来说，募兵的好处，自然要好过卫所制。首先是利益保障，要让士兵打仗，就要真金白银地给钱，然后是升官机会多多，虽然少不了腐败，但要想升官，就需要有实打实的军功。

一个数据就可以佐证，在明朝中期之前，明朝有名的军事将领，特别是武将，绝大多数都是世袭出身，由中下级军官升上来的少之又少，士兵出身的则更少。而募兵制下，由士兵出身，最终成为方面大将的，却绝不止个例。比如抗倭名将邓子龙，就是以平民身份应募，在节节立功中，最终成为一代名将。

募兵机会大，但也要分成为谁的兵。虽然明朝募兵管理严格，但军队要想打胜仗，关键还要看将领，所以跟对人就显得尤其重要。明朝带有募兵性质的军队，通常会被外人以将领姓氏代称，称为“某家军”，以嘉靖年间为例，北方大同总兵马芳的军队，被称为“马家军”；南方抗倭名将戚继光和俞大猷的军队，被称为“戚家军”和“俞家军”；而辽东李成梁的军队，则被称为“李家军”。

这几支部队，都是明朝募兵制下的模范军队，哪怕是个普通小兵，只要好好打仗并且能幸运活下来，横刀立马当将军的可能也是很大的。

放在募兵制度下的具体部队中，作为一个普通士兵，出头的机会，既比卫所制下简单得多，也要大得多，只要是刻苦训练，奋勇作战，就有机会出人头地。而放在名将统帅的募兵制军队中，士兵要想熬成将军，首先要成为一类人——家兵。

所谓家兵，就是一支募兵制军队中，带兵将领亲自挑选军队中的精壮，组成的贴身嫡系将领卫队，人数通常不多，作用却极其重要，而且升迁的机会也足够大。通常被选为家兵的士兵，都是将领绝对看重信任，并且引以为心腹者，甚至表现好的家兵，不但有可能升官，更有可能被将领引以为接班人。

比如嘉靖时期的大同守将马芳，他就有一支百人的家兵部队，这支部队除了在作战中担负他的护卫任务外，还担负着战前侦查，警戒等任务。辽东总兵李成梁，也组建了他的李府家兵，并且在他退休后，由他的儿子李如松继承。万历抗倭援朝战争的碧蹄馆之战中，李如松遭到倭寇数倍于己的军队围困，关键时刻正是李府家兵们奋勇作战，保护着李如松成功杀出重围。

一旦成为家兵，不但有极高的军事待遇，还有额外收入，比如李成梁的家兵，拿着高工资不说，辽东屯垦的土地，也被李成梁按照人头，分配给他们，几乎每一个家兵都是有良田一片的大地主。然而有时候，太高赏赐反而是反作用，还是以李成梁家族为例，到了万历晚期，昔日横扫天下的辽东铁骑早已腐化不堪，在努尔哈赤崛起辽东后，很快被打得稀里哗啦。

相比之下，在募兵制的制度上，贡献最大的明朝名将当属戚继光，相比于明朝其他将领的募兵，戚继光最大的不同点是：其他的将领都是靠个人的威信恩典，来维持整个军队的战斗力。戚继光却认定，制度比人更靠谱，他所打造的戚家军，是一支无论他在与不在都能依靠严格的制度与坚决的执行力，从始至终保持高昂的士气、决死的勇气、顽强的斗志、一往无前的精神的军队。

戚家军的特点，首先是条令格外严格，如果进了戚家军，从做士兵角度说，也许是最苦的，因为其训练内容及细化程度，比如练武艺，训练的时候，基本的格斗技术都是两人一组拿着木制兵器对练，要被人家打趴下了，不但要扣工资，还要被惩罚加练，如果打趴下了对手，则会涨工资。涨完工资后，会安排更厉害的战友对练，如果不幸被打趴下，照样扣工资。

另外诸如骑马、射箭等各种军事技能，不但每天有严格的训练，按月更有严格的考核。戚家军士兵的基本月薪，大约是五两白银，本身就不高，如果你日常训练表现不好，那更可能连个零头都拿不到。

除了训练苦外，戚家军更要命的是惩罚制度严格。戚继光的惩罚方式，除了犯下罪大恶极的罪过要杀头外，其他的罪过，主要就是罚款和打板子，但规矩极其多，比如不许在军中赌博，不许奸淫掳掠，不许泄露机密，作战的时候，听到号令不敢前进呢，战后也要秋后算账受罚，没接到命令就擅自冲锋的，就算立了功照样要受罚。当然也有比较宽容的一面，如果士兵是犯的小错，而且又是初犯，可以免于初犯，但一旦再犯，就要加重处罚。不过有五项过错，就算是初犯，也绝对要重罚的—— 赌博、奸盗、泄密、杀人、谋反。一个纪律不好的士兵，如果放在戚家军中，就算没死在战场上，罚也能被罚死。

当然，为了士兵不被罚死，在选兵上，戚继光也有严格的规矩，有可能被罚死的士兵，在选拔的环节里，大多都被淘汰了：在衙门里做过事的人不要，性格暴躁的不要，相貌油滑的不要。甚至有城市户口的，在城里打过工的也统统不要。戚家军招人的时候最容易面试通过的，是那些性格憨厚，身体强壮的农民。

当然，仅靠严格的惩罚，是不足以让戚家军横扫天下的，其实仔细研究一下戚家军的制度就会发现，只要好好干，在戚家军里不但发财容易，升官也是大有希望的。

戚家军最被后人称道的就是它的奖励制度。奖金最丰厚的奖励项目，就是戚家军每年正月、四月、七月、十月的初二，是戚家军搞大比武的日子，也就是所有的士兵在每年的这四天，都要接受军事技能的考核，而且还要根据考核的成绩排出名次，差的扣钱，好的奖励。如果能在考核中表现突出，不但可以拿到大笔的奖金，而且还能成为军官的培养对象。

更值得一提的是，每次考核中排名第一的士兵会拿到这次考核最高的奖金：五百两白银。如果一个士兵可以在每年的四次考核中全都拿到第一，那么获得“大满贯”的他，总奖金高达两千两，按照汇率换算成人民币，相当于今天一百二十万元。考试考得好，在戚家军里混成百万富翁绝不是神话。

当然戚家军也不只重考试，打仗的时候，如果杀死一个敌人，就可以奖励三十两白银，折合人民币一万八千块。如果作战的时候，在冲锋命令下达后你冲锋勇敢，也可以获得十两白银的奖励。另外每次打完仗后，缴获的战利品，也都折合成白银由士兵们平分，只要打胜仗多，奖金也就多。

惩罚严格的戚家军，不但发财机会多，而且升官的机会也同样多。戚继光是极重士兵提拔的，每次战斗后，都要把作战勇敢的士兵统计在册，只要能够持续表现良好，很快就能获得升迁。看看明朝中后期的将领名目就可以看到，万历年间的武将，由士兵身份成为将军的人，戚家军出身的占了很高比例。比如抗倭名将吴惟忠正是此例。

而这也正是戚家军强大的原因，严明的军纪、公平的赏罚、严格的管理，另外还有一条，就是坚定的信仰。戚继光极其重视思想教育，不但把忠君思想编成文盲都能听得懂的歌谣在军营里传唱，同时每支部队都设立了战旗，战旗上绘有不同内容的图腾作为军队的标志，把忠君的思想几乎渗透进士兵的骨髓。

他的这些带兵奥妙，都写入了他自己的军事著作《练兵纪实》中，晚清军事家曾国藩等人练兵时，也从中受益颇深。

在明朝当时，这套新军事制度也产生了巨大的效用，嘉靖后的隆庆、万历两代，由于张居正改革实现了国家的富庶，明朝有了更多的资金来进行募兵，同时“考成法”的推行增加了官场效率，遏制了贪污腐败，因此明军的武备也为之一振。著名的“万历三大征”时代，明军可以获得全线大捷，军力强大正是基础。

而在尝到募兵的甜头后，从明朝嘉靖年间开始，明朝募兵的比重越来越大，传统卫所制下的士兵，越来越多的都弃之不用，尤其是北方边防重镇，基本都用募兵来镇守。虽然明朝严格的监管体制，有效杜绝了募兵制可能造成的将领专权，但另一个问题又浮出水面：募兵的效果打了折扣，监管过多，所选士兵的质量也就下降，除非是遇上戚继光、俞大猷这样的名将，否则如果摊上一般的将领，那可以说是白花钱。

晚明面临辽东后金和农民军起义的重大压力，募兵的比重也大为增加，可也经常出现这样的笑话，经常是士兵招募起来，拿了赏钱后立刻一哄而散，等于是被白花钱。之所以会有这种现象，还是因为明朝严格的募兵监管，与明朝政治体制的清明程度息息相关，如果遇到政治严重腐败，效率极其低下的情况，募兵的结果，也基本是无用的。

因为募兵由中央派员主持，派来的如果是庸才，自然招不到好兵。募兵的钱是由国家发放，如果摊上层层克扣，最后拿到士兵手里的杯水车薪，当然没人买账。即使赏钱丰厚，如果执行募兵工作的人收黑钱，招进来的全是酒囊饭袋，那花了钱等于去送死。

而更大的隐患却是，募兵越来越多，军费开支自然越来越大，等到了国家经济难以承受的时候，国家必然破产。明朝晚期，国家军费开支每年高达近五百万两，即使如此，军饷还经常拖欠，就算是辽东这种身负抗击后金重任的前线，军饷也不能保证按时发放，一般都是过几个月补齐。其他地方自不用说，拿不到工资的士兵，在求告无门的情况下，也只能干一件事—— 造反。最终灭亡了明王朝的李自成的百万起义军中，相当一部分都是原明朝军队的士兵，好多都是因为拿不到工资走上了造反的道路。

而且随着明朝募兵越来越多，许多募兵的军种，其实也越发失去了效用，反而成了财政负担。晚明也曾多次裁减军队，减轻负担，但裁减的结果，也是把这些士兵，在生计无着的情况下逼上了造反的道路。亲手把明朝送上死路的李自成，其本人就是被裁撤的驿卒。明朝最后的灭亡，或者可以这么说：是被本来担负保卫它的军人造反，最终送上了绝路。

明朝式的优雅

晚明的享受风

大明王朝从万历后期的衰败算起，一直到崇祯孤独地踏上煤山上吊的宿命，所有的痛苦与悲情，浓缩在一起便是一件事：穷。

明朝的穷，从帝王到百姓，说起来都是把把辛酸泪：皇帝穷到崩溃，绞尽脑汁挨着骂想法子搞钱；政府穷到悲催，财政收支连年亏；军民们更穷到悲惨：西北灾区饿殍遍野，孱弱的饥民不是饿死，就是被凶残的贼兵当“口粮”杀死，场面十分悲惨。

更悲催的却是奔波的军人们：有的军饷常年拖，不得不打劫百姓混个肚圆；还有的拿不到军费，气的绑了地方官，发疯似的揍，揍的被绑官员羞愤自杀，然后翻遍了官库，却硬找不到一分钱。甚至就在李自成兵临北京的时候，那些大明朝最后压箱底的派去抗击李自成的军队，竟然因为常年拿不到粮饷，不得不杀掉自家的儿女充军粮，以吃饱肚子上阵杀敌……

但就是这样一个苦难的世界，却还有另一个离奇的场景：就在战乱地区水深火热，王朝面临灭顶之灾的生死关头，那些还未曾被战乱波及的地区，生活却出奇的幸福自在，甚至衣食住行都享受到极致精美。哪怕是草民百姓，日子也过得极其舒坦快乐。同一片国土上，极度的悠闲享乐与极其悲惨的苦难，就这样同时地存在。

这便是明朝灭亡时代，留给今天最沉重且最时常被无视的教训：表面的繁华奢靡下，战乱与贫穷，在人们的沉迷享受中悲情地扩散，不断地造就灭亡的惨剧，但未曾波及的地方，依然沉迷于休闲安逸而不自知。于是早早晚晚，先后走向终结。

要知道这个教训和这个现象的原因，就该先拨开晚明民不聊生的表象，看看明朝百姓，富到了啥程度。

明朝人为什么富

明朝人的富，自然来自强大的生产力。

自从明朝建国后，虽然皇帝经常不管事，大臣热衷互相掐架，间或还有太监乱政，时常都不“靠谱”，但唯独更新换代的生产技术“靠谱”。从种地打粮到纺线织布，各行各业挨个数，全是琳琅满目的高科技。

尤其千姿百态的，便是传统农业：凿井浇地和水车灌溉在中国南北方全面铺开，轮作等耕种技术更进步神速，还有多种“新型绿色环保”肥料与土地增肥技术。农具水平更全面升级，生铁淋口技术造出的新器械，更加结实耐用，更出现好些新花样：强力的人力犁“木牛”，大功率的稻谷脱粒设备“稻床”，手摇小水车“拔车”。这些新型农具，早已达到了工业革命之前，传统机械动力的最高水平。

让当时西方传教士们开眼的，是好些突破性农业科技：陆续出现在太湖地区和珠江三角洲地区的“基塘”，做到了桑鱼结合多种养殖，更借养鱼消灭了恐怖的疟疾。更强大的是稻种革命，北宋时期由占城传入的高产量早熟稻，在中国南方大地开花结果。这种最高可达一年三熟的宝贝稻种，成了中国南方农业的普遍现象，这是一场意义堪比20世纪“绿色革命”的农业变革。

这样强大的生产力，在同时期西方传教士笔下，更留下了丰富的记录。利玛窦在自己的书信里由衷地称赞中国农业的产量远超过西班牙。金尼阁的《基督教远征中国史》里说得更直白：欧洲能种的中国都能找到，产量更比欧洲富裕的多，米麦鱼肉的价格都十分便宜。而曾德昭的《大中国志》里描绘得更细致：不但有强壮勤劳的中国农民，更有各种大开眼界得农业器具。以至于不管多么贫瘠的土地，中国农民“都能使它有所收成”。

明末清初理学家张履祥记载，江南地区平均亩产量高达三石，最高产量换算成现代单位，有稻谷一千二百斤。嘉靖年间名臣霍韬的记录中，珠江流域亩产最高水平更突破了十石。同样强大的还有专业的农业人才：明末《沈氏农书》里记载，嘉兴地区的农业雇工，单人每年的劳动生产率，最高有稻米五十六石，换算成现代计量，值大米八千五百多斤。

上面这些数据有多恐怖？不但清朝康乾盛世的顶峰时期未曾突破，即使是现代民国专家极力吹捧为“蒋介石黄金十年”的中华民国十年建设期，同样难望其项背。现代农业学家推算明代的亩产量，即使在占城早熟稻大规模推广前，中国南北平均亩产量就已接近三百五十斤。而按照南京国民政府农林部的统计，清末至抗战爆发前的最高平均亩产水平，也不过二百九十斤。

而被繁荣农业直接支撑起来的，更有连锁反应般强大的手工业。素来强大的纺织行业，生产技术更高速进步，全新设备层出不穷，新式的纱绸机和改机，功率远超前代，以胡琢《濮镇纪闻》里的说法是“擅绝海内”。明代纺织品细密程度超过宋代数十倍，品种更空前增加。

新兴棉纺行业更强大，强大的五穗纺车，造价低廉使用轻便，为家庭生产必备，以宋应星的形容，一个农妇操作该设备生产，效果可顶三个壮汉。更震撼的是江南地区的水转大纺车，堪称当时全球最先进的自动化设备，一天产量破百斤极轻松。

而晚明引进的西方军火科技，更是明代整体生产水准的缩影：欧洲传入的火枪火炮，经明朝军工体系改造后，杀伤力骤然升级。典型如红夷火炮，经明朝引进后改由独特的钢管冷却技术铸造，火炮杀伤力与使用寿命都大幅提升。西方掌握这类技术，还要等美国南北战争时。这就好比武侠小说里，一种强大成熟的内功，完全可以提升武艺的杀伤力。明朝的生产“内功”，就这样冠绝全球。

强大生产的催动下，大明的商业贸易也极繁荣，比起明初的完全政府垄断来，晚明最逆天的场景，就是民营行业的如火如荼。比如瓷器业，单当时著名的景德镇，官办作坊不过几十，民营作坊却有上千。商业活动也更热闹，特别是随着嘉靖四年，白银确立为法定货币，商品经济更随之井喷：新兴商业城镇大面积出现，如北京、南京等传统大都会，繁华程度更是空前。外贸也越发热烈，东南沿海外商云集，照欧洲经济学家说法，世界上三分之一的白银都涌入了中国。

这样的热闹，一度也造就了明代仓储丰厚的景象。而有钱有粮的时候，明朝政府给老百姓花钱也常大方：遍布各地的专用赈济仓库“济农仓”，三百年里活命无数；最早的全民公费医疗“惠民药局”更恩泽苍生。每逢饥荒年，明朝政府还会拨出专用钱粮，帮助灾民赎回被卖的儿女。

最富庶的东南省份，还有独特福利政策，不但专门收留孤寡流浪汉的“养济院”常年钱粮丰厚，而且凡是受灾群众，都能白送土地、耕牛。如此美好景象素来史不绝书，很多后人每读到类似篇章，都大呼难以想象：这就是那个连西北闹灾都赈不了的明朝？

好些清初明朝遗民们格外怀念的，便是晚明的美好生活。照着清初学者陆应的深情回忆，万历年间的老百姓，除了吃穿外，业余生活也丰富，经常喝酒听戏。以他自己的话说，就是“至今好不思慕”。广东人陈舜在《乱离见闻录》里描述天启年间的物价：一斗米卖二十钱，一斤肉只有六七文钱，物价“百般平易”，再穷的人也吃得起。即使是经济远落后于东南的北方地区，以清康熙年间的老遗民丁耀亢的感慨，万历年间的山东农村，家家户户都是健牛肥马充斥，一斗粟米只要十钱。想起那丰衣足食的往事，看看贫困的晚年，哪怕当时文字狱厉害，他还是忍不住“如何过之心不哀”。

而这些让清初的老人们依然怀念不已的明朝生活，绝非是哪个时代的昙花一现，相反却是终明朝最后半个世纪的寻常图景。繁荣富庶的幸福世界，与哀鸿遍野的悲惨，几乎同存于一个时代，直到这个世界被完全地毁灭。

反思这个世界的毁灭，首先看看这个世界里幸福的人们，都在怎么挥霍幸福。

明朝人怎样炫富

说起晚明的社会风气，与艰辛困苦的饥荒战事相对应的，便是极尽奢华的奢靡风。

这其中首先扮演主角的，便是士大夫阶层。不夸张说，他们就是明末最幸福的一群人：账面工资低，但灰色收入多，特别是中了功名后，不管官位大小，免税特权总不少，外加商品经济发达，国家法律漏洞大，轻松便能搀和赚一把。这些人外加公共形象装得好，声望从来弄得高，皇帝都要怕三分。他们堪称明代最嚣张放肆的阶层，在享乐这件事上当然要领风气之先。

这群人的人生追求，比起前辈们治国平天下的高境界来，可以说十分现实。照着袁宏道的总结就是“五快活”：第一种快活是啥都见过，好玩的地方啥都去过，好听的音乐更都听过。第二种快活是家里有钱有地，成日宴会不断，高朋满座。第三种快活要装格调，家里藏书极多，又能约十几个知心朋友，写几篇华彩文章。第四种快活要下血本，买一艘豪华游船，上面载满美艳妻妾，每天淫乐度日，直到乐爽到死。第五种快活却是彻底不要脸皮，散尽家财放浪形骸，厚着脸皮乞讨度日，十分轻松愉悦。

这五种快活，便是晚明相当多的士大夫们的追求。照着《万历野获编》的说法，好些士大夫的人生，更为此搞成了三部曲：中了功名之后，先给自己起个别号，方便“刷声望”混士大夫圈。进了北京之后，抓紧时间娶个小妾，漂亮不漂亮不重要，关键要交际圈子广。最后最重要的，就是买田置地，甚至不惜重金建造豪宅。然后，就可以放心大胆地追求快活了。

除了少数人物外，晚明绝大多数公务员，宦海生涯都是这么追求过来的。当然有些人一辈子玩命捞、玩命快活，却还比较实诚，比如名士张岱，尚且还能在文集里承认自己人生没追求，就是个贪图享乐的败家子。更多的是会装的，明明一辈子猛捞、猛贪、玩命享受，偏偏还爱装得为国为民，走哪都把国家大义挂嘴边，东林党重量级人物李三才便是其中的“杰出”代表。

这群人追求快活的过程，更是不惜血本和手段。比如最直接的“吃”，连杰出改革家张居正也不免俗，一顿饭的菜品有几百种，就这还十分不满，嫌没哪个菜能下筷。如此不争气，闹得后世好些热情讴歌张居正改革的专家们也尴尬，只能捏着鼻子无视。

不争气的又何止一个张居正？以明代《五杂组》里的记

录，当时高官家里的宴会，花样相当丰富，从草原的马奶到森林的熊掌，甚至海里的鲸鱼肉，几乎都应有尽有。吃一顿饭的花费，就是一户中产阶级的家当。这样的消费水平里，张居正懒得动筷子，也就十分正常。

而且要仔细看看晚明的宴会风气，改革家张居正甚至可以算得上艰苦朴素的类型。从宣德年间开始，明代大小官员家的饮宴，就流行美貌歌姬助兴。即使如“三杨”这样高大上的政治家，看不到美女也绝吃不下饭。

而在吃的内容上，晚明更涌现出吃货无数。最有名的还是名士张岱，自己开了张单子，列尽天下奇珍美味，发誓一生必须吃完，更不惜一掷千金。好些大官家里都开酒坊，烧钱造名酒，流传到今天的名酒品牌，更多达三十三种。普通士大夫家的宴会规格，菜肴品种通常便是几百种，互相比着豪华奢靡。

比起其他阶层来，士大夫们除了敢花钱外，更要讲究格调。按照当时的说法就是“有致”。放在饮宴上，除了敢花钱外，更要会花钱。除了要选择风雅的园林做场所外，还要有吟风弄月的诗会，倘再配上高雅的戏班名妓，唱几段清丽小曲，便是更加锦上添花。

而比起这样的喧闹来，好些士大夫更有清淡的追求：禅悦。这事往白了说，就是参禅礼佛，追求心灵的安宁。具体的做法，一是自己清修，也就是参禅。二是拜佛捐钱，也就是礼佛。三是砸钱跟名僧交往，美其名曰饭僧。照着顾炎武的说法是，南方的士大夫，晚年都喜欢修佛，聚会的时候就喜欢谈禅，相互聊起话题，内容海阔天空，凌驾现实之上，还衍生出一大批云山雾罩的著作，比如王肯堂的《参禅要诀》，袁宗道的《参禅正统》，后辈凡夫俗子们掰碎了读，时常一头雾水。

而比起禅悦的清淡来，“狎妓”这件热闹事，士大夫们却相当喜闻乐见。这桩明初年代的羞耻事，明末早变成风雅的美事。除了官员家里但凡有宴会，便必然邀请名妓助兴外，好些士大夫还搞出娱乐活动：学着科举的排名，在妓院里举行妓女评比，这种竞赛在当时称为“花榜”，好些风流名士都热衷参加。诸如“秦淮八艳”之类的明星，都是这么评出来的。最后的事实也证明，这些评出来的明星女子，多半都比士大夫有节操。

而且不管玩什么，这群追求快活的士大夫们，都有一件共同的快活事要做：放下筷子骂娘。基本就是谁当权，就骂谁，然后国家出了事，习惯性地接着骂，皇帝有点小毛病，更来回骂。国家百事艰难，谁勇挑重担干活，谁更会被这些人骂死。他们钻着国家空子挖着国家墙角，搂着美貌女子听着淫词浪曲，吃饱喝足就习惯性的骂人骂事捞声望，却极少想为这个危机中的王朝做些什么。随着大明王朝的分崩离析，这些一辈子极尽追求快活的风流人物们，要么卖身汉奸，节操尽碎；要么家产尽毁，被南下清军打包全收。这群享受了明朝好处却骂了明朝一辈子的人物，直到这个王朝被自己亲手断送，才明白自己荒唐一生，到底闹没了什么。

也正是在这些领风气之先的风流人物们的带动下，明末的奢靡享受风气，从上流社会一直刮到民间。

还是以吃来说，官僚家的奢靡风气，平民百姓家也效仿得厉害，不管有钱没钱，吃饭的面子绝不能丢。《嘉定县志》记录，当时即使是普通老百姓家办宴席，也极尽山珍海味，一顿大宴会的花费，通常是这个家庭数月的收入。不只是菜品精美，连器皿都要极尽高档，比如嘉兴地区，每个客人的餐具，都是十五六两重的金银制造。一个普通宴会的花费，更要五十两白银起。酒的消耗更是极大。淮安一府每年酿酒花费的粮食，就需要麦子一百万石，就这还远远不够需求，逢年过节都要从外地买酒。

穿衣服更不能落后。晚明时代，明初各种穿衣服的禁令早荡然无存，各种奇装异服常年招摇。官僚们更带头爱美，伟大的改革家张居正，在这事上又做表率：一顿饭至少要换五次衣服，而且每次都要更加华美。爱美比美，更成了士大夫之间的风尚，竞相聘请知名裁缝，用高档绫罗绸缎制衣。官太太们更不落后，普通京官家的老婆，仅置办首饰的花费就要四百多两。

这样的豪华风气，也一样传染到了民间。哪怕是穷得叮当响的书生，如果用粗布做衣服，都要被人嘲笑。放在已经政局水深火热的崇祯年代里，谁要是不用湖罗衫，必然会被人笑死。普通的城镇里，谁要是出门还穿朴素的布袍，更会如珍奇动物一样被围观嘲笑。京城里加工服饰的各种店面更是林立，做服装生意的小贩，按照万历名臣于慎行的估算，好些竟家资千万。同样还是于慎行的记录，京城里这些卖服装的、做酱油醋生意的，看似铺面不大，为人谦虚低调，但基本都是富可敌国的顶级富豪。

而在利玛窦的记录里，当时东南即使是最底层的农民，家里也都会置办上华贵的衣服，逢年过节热热闹闹地出门招摇。而郑廉的《豫变纪略》里，那个还没有被李自成农民军波及到的河南，更繁荣得仿佛乐土：但凡有点功名的士大夫，家里都修起了豪华宅院，养了歌姬戏班，每天宴会不断。谁要是不搞点游乐项目，必然会被嘲笑老土。而到了节日的时候，老农民们都会骑上大马，穿上华美的衣服，外出参加宴会。

倘若没有战争和饥荒，明朝人的生活，从官到民，都舒服得让古代史羡慕，让老遗民们回忆到流泪哀伤。

谁毁灭了明王朝

可是这个世界，终于还是毁掉了，为什么？

为什么明明有些地方富得流油，舒服得安逸快乐，却没有人去关心怎么解决另一边的饥荒。为什么从官到民，都十分的有钱，但军队没钱，朝廷没钱？

明朝遗民丁耀亢回忆万历年间生活的诗文里，还记录了这样的场景：万历朝的四十八年，从官到民都舒服得久了，以至于士大夫们都以谈兵事为羞耻，军队屯田也几乎全荒废了。

被荒废的又岂是这些，还是一个老生常谈的问题：明朝政府的税收体系，与整个国家的经济生态，早已是完全地脱节。仔细对比晚明的社会状况，才知道脱节得有多严重。不只是商业税难以征收这个问题，即使是国家现有的农业税，征收效率也低到吓人。

比如东南的农业税，账面数字极高，但执行起来，除了早期两代帝王外，却是十分空洞。自宣德年间起，江南田赋拖欠便成了老问题。每年的赋税从来没有收齐过，拖来拖去成了历史问题，再由新皇帝减免，更成了江南官民屡试不爽的老把戏。

而到了晚明年代，党争的加剧更令这些士大夫官员们找到了“刷”声望的绝佳办法：摆出为民请命的姿态，想办法拖欠赋税，上下其手一下子便成了政绩。而他们自己却丝毫没吃亏，既捞了名望，又拿到了地方士绅的好处。还有的官员，更借机把持地方的商业活动，还干出发行假钱饱私囊的事，典型还是东林党，从来不少赚。

而最可恶的是，正是这样一群人，明明捞够了国家的好处，嘴巴却从不留情，大事没主意小事骂上瘾，干事不见影添乱最积极。末代皇帝崇祯，一辈子用得最多的是这类人，临上吊前骂“皆可杀”的，也是这类人。

而即使是崇祯帝，他被后世抨击为横征暴敛的“三饷”，真正拿到手的钱也打了折：同年拿到的只能是预征银，大头都是第二年开征，外加地方官们各种减损瞒报，朝廷真正拿到的不足六成。

而且明朝的官员们，即使在考成法最严苛的张居正时代，收税不力的最严重惩罚，也无外乎罢官。甚至就这惩罚，也通常是官员赚声望的最好手段。哪怕是杀官员杀到疯的崇祯，官员能完成八成的税收任务，就算是好业绩了。

而在王廷相等政治家的文集中，更记录了很多地方拖欠政府税收的现象。像王廷相自己就记录了四川地区税赋拖欠的惊人情况，拖欠比率最高的地区，竟高达百分之八十。以王廷相自己的话说，好些官员宁可要国家吃亏，也不会追讨老百姓，宁可自己政事不力，也不能让老百姓伤心。其实就是变相地积攒自己声望。

而明朝的商业税征收，常年更成了儿戏。后人常抨击万历的矿税政策，可万历皇帝自己也委屈地说：国家打仗没钱，如果不加商业税，难道加派给穷老百姓？加派给穷老百姓的后果，崇祯体会得最深。

而直到明亡清兴的完成，中国的老百姓才更深切地体会到什么叫横征暴敛：号称永不加赋的大清，征税制度比明朝严格得多。像明朝年代可以结社抗税博取声望的便宜事，到了清朝就成了死罪，首先不知死的就是大文豪金圣叹，组团抗议加税，满以为顺治皇帝会像明朝皇帝一样好说话，没想到被活活砍了头。

在清朝时期，拖欠一分钱赋税，于官于民都是死路一条，官员要被追责查办，为了保官位只能往死了催，老百姓交不上税，更只能找地主大借高利贷。顺治年间的江南，好多人因为交不起赋税还不起高利贷，只能举家逃亡，田产全被八旗营兵充公。而以陈舜的记录，康熙年间为了追讨赋税，广东省一次就打死包括乡官在内的官民六百多人。而在康熙年间的迁界禁海中，官员借机霸占民产更是常事，仅为大官搬运搜刮来的百姓财富，就累死了十多个民工。

而到了乾隆年间马嘎尼访华时，英国使团的笔下，记录了与明末传教士完全不同的一幕，他们没有看到传说中勤劳聪明，生活富裕休闲的中国农民，只看到了一路破旧的房屋，生命如草芥一样为英国使团拉纤的民工们。一个民族从强盛到衰落的过程，这些普通的民众便是缩影。

一个明朝画家的遭遇改变中国美术史

如果说书画艺术的世界，也好比江湖，那么属于明朝的江湖世界，可以说空前精彩。

明朝美术有多强大？稍微了解点书画艺术或收藏，便可深有体会，各类流派云集，独具特色的作品，彼此争奇斗艳。特别是明中期后，名家名品更是荟萃，从唐伯虎到徐文长，或从董其昌到“八大山人”，都是清一色的“强人”，更不断覆手翻云，缔造传世精品。这样的美术世界，就是高手对决不断的江湖，绝招层出不穷，情节精彩纷呈，后人回首看去，那一幕幕美轮美奂，直叫人大呼身不能至，心向往之。

但如果时光再往前推，对比下明初的书画发展，更能叫人生出一阵讶异：这个精彩纷呈的江湖，在明初的时候，却只能一团“浆糊”来形容。数得着的名家，虽然也有几位，却大多是宫廷画师，民间高手着实稀缺，论及艺术作品，更是千篇一律，极缺创意，从题材到技法，都可谓极度匮乏。对比明中期后的繁荣，这时的明朝书画，只能说一片萧索。

反差如此大，原因自然多，首先是经济原因。明初百废待兴，民生疲敝，老百姓肚子都吃不饱，风雅当然无从谈起。更重要的却是政治原因：明朝以严刑峻法立国，衣食住行都规矩多，连穿错衣服戴错首饰都有可能获罪，绘画的限制更限制到严苛，什么画用什么颜色采取什么技法，样样都有讲究。明初的画家，因为一笔不慎，就闹到获罪甚至家破人亡悲剧的，着实有太多。这样一个又穷又专制的世界，美术事业死气沉沉，也就不足为奇。

而从毫无创意与生气的萧条，到百花齐放的繁荣，究竟又是什么因素，促成了这样伟大的转变？各色的缘由，同样也更多，但其中承前启后的，却是一个杰出人物：浙派开山鼻祖，明初画家戴进。

促成这样转变的，不只有他高山仰止的绘画艺术成就，却更有一场令他痛彻终生的奇冤。

戴进其人

戴进，字文进，号静庵，浙江杭州人，明朝洪武二十一年（1368年）生，永乐年间步入画坛，宣德年间成为宫廷画师。

如开头所说，作为画家，投生在明朝初年，比较不幸。但相比之下，在永乐至宣德年间从事美术活动，却还比较幸运。

明朝开国皇帝朱元璋执政的洪武年间，画家的生活只能用一个字形容：苦。哪怕成了宫廷画师，薪水少得可怜，而且明朝不似宋朝那样设有画院，因此哪怕宫廷画师，名分也低得很，不过是宫里的“临时工”，工作却极高危，尤其朱元璋在位的时候，一笔画错就招祸。洪武年间几位著名宫廷画家，比如赵原、盛著、周位，都是绘画不慎招祸，闹得获罪论死。

而到了戴进纵横画坛的永乐至宣德年间，情况总算好很多，画家们待遇提高了，还给解决了编制问题，表现好的宫廷画家，可以授给各类官职，有的竟然可以做到都指挥（省军区司令）级别的高官。风险性也大大降低，特别是明宣宗在位年间，他本人就是丹青行家，也重视美术事业，施政也宽容。画师，这个明朝开国早期，一度很没前途的职业，这时总算前途光明。

但唯独不改的，却还是规矩多，从颜色到技法，样样都有规矩。特别是宫廷画师们，拿着朝廷的薪水，就得听朝廷的话，谁要是画画不听话，照样治罪没商量。

这样的行业背景下，明朝的宫廷画师们，虽说环境改善，但境遇依然微妙：画画有风险，创新要谨慎。更微妙的是，画师们待遇提高了，升官前景也看好，蝇营狗苟的争夺也自然多。相当多名声在外的宫廷画师，心思多用在这方面。

而相比之下，戴进却是个绝对的异类。

明初从事绘画行业的，入行原因多不同，有世代做这行的，也有为了官位和名气的，但戴进，却属于其中极少的异类：真正为了艺术的追求，走上这条道路。

戴进的出身，也算美术世家。父亲戴景祥就是职业画师，但到戴进这一代，起初却转了行，当了一名首饰匠，专业加工首饰，而且发展得极成功。少年时的戴进，打造的金银首饰名噪一时，以风格多样和工艺精美著称，小小年纪，便早有了大大的名气。一直干下去，混个富翁不是问题。

但意外却偏偏发生了，某日戴进路过熔金铺，发现送来熔掉的，正是他精心打造的首饰。这事放在别的工匠身上，也就不算个事，但刹那之间，少年戴进却悲从心头起，顿时仰天长啸：我费尽心血打造的首饰，最后却得到这样的对待。一声长叹后，戴进做出了人生中最重要的决定：转行，做一个画家。

从收入丰厚、名声在外的首饰匠，到默默无闻、清贫寒苦的画家，这样的人生，好比推倒重来。可戴进真这样做了，之后好多年，有说法说他师从多位名家，潜心学画；也有人说他一直跟在父亲身边，卖画为生。但不论哪种说法，都是寒苦艰辛的人生。

这样的人生抉择，即使放在当时，也有人笑他傻。但他不在乎。如果说艺术家都是高傲的白鹭，那戴进就是其中一只，像爱惜羽毛一样，呵护着自己的心血追求。

命运过山车

戴进的美术之路走得极苦，但不得不说，他在画坛出名也极早。

大约是十七八岁的年纪，也就是永乐初年的时候，刚转行学画不久的戴进，随父亲来到了京城南京，做起了“京漂”。谁知刚入城门，便倒大霉，眨眼碰上“飞车党”，一船行李全被脚夫抢走。

谁碰上这种事，一般都得捶胸顿足，但连犯人都没来得及看清，最后也只能认倒霉。可戴进不慌，当场挥毫泼墨，竟然凭着这电光火石间的记忆，就把犯人的样貌，原原本本地画了下来，一下技惊四座，结果还没来得及“报警”，犯人就忙不迭来投案了：东西还你，服你了。

自从这则遭遇后，戴进的名号，便开始传开了。这位年轻人精湛的技法与冷静的心理素质，就连彼时南京的诸位名家也都啧啧称奇。于是爷俩的境况，也就渐渐改善，先在南京城奋斗了快二十年，然后永乐皇帝迁都，爷俩又一道去了北京。这时他们的身份，也早已大为不同，成为有工资拿的宫廷画师，进入宫廷的戴进，也得以博彩众家，技艺突飞猛进。

但这时候的戴进，论绘画技法，虽已接近巅峰，但论地位，却还是个默默无闻的小人物。

因为明朝初年的画坛，并不是画得好就万事大吉的。地位高的画师，首先都是位高权重的高官，年轻画家想出头，画得好是其次，关键是既要听话，又能钻营。

可这两条放在戴进身上，却是哪样也不靠。他本身就是个淡泊仕途的人，唯独视艺术如生命，几十年如一日，只知低头作画，从不抬头看人，志同道合的朋友不少，但攀附权贵的事却从来不屑去做，领导的面子更是极少去卖。因此一直很努力，却一直没名气。

也正是在这十多年的蛰伏期里，戴进的绘画创造，早已取得了惊人的突破，首先是博采众家，对唐朝吴道子、马远等名家，都进行了大胆地吸收学习，深得其中精髓，更重要的却是自成一家，特别是人物画，一反宋代的厚重特色，相反极度精美，更兼用笔豪放，早已开一代新风。

而比起这些刻苦的探索来，同时期明朝几位名声在外的书画大师，表现却可谓拙劣。几十年如一日，除了照着皇上的要求画千篇一律的内容外，几乎毫无建树，只会凭着乖巧马屁功夫邀宠。但“大师”们本事不大，心眼却更小，最看不得别人好，生怕哪家年轻人出类拔萃，抢了自家饭碗，于是时时瞪起“妒忌眼”，心里打起小算盘，各种勾心斗角不断。

这其中最有代表性的大师，便是谢庭循。

在明朝永乐至宣德年间，谢庭循可谓首屈一指的画坛大师，出身就高贵，山水大师谢灵运的后人，更兼多才多艺，诗书绘画都有极高造诣。而比起戴进来，此人情商更高，最会讨皇帝欢心，经常陪侍左右，因而也得宠不衰。到明宣宗年间的时候，已受封锦衣卫千户，还有“武德将军”的爵位，堪称画坛头牌角色。

但要论实际水平，谢大师却“水”得很了，跟戴进比起来，可以说是天上地下。但虽说画画功夫差，嘴上却从不饶人，一直极其刁毒，看谁不顺眼，就得找机会“下药”。眼看戴进技艺突飞猛进，谢大师心里也着了慌，暗害的标靶早就给瞄上了。

而偏巧，有了这样一个机会。

话说当时在位的明宣宗，极其热爱绘画艺术，除了自己喜欢钻研外，更心血来潮，突然打算搞一场“书画选秀”，也就是令宫廷画家们人人作画，然后在仁智殿评比。

这次的参赛选手里，就有时年四十岁的戴进。而在他眼里，这场皇帝突发奇想的“活剧”，便是自己不得志的人生里，最重要的一场机遇。所以使尽浑身解数，施展胸中所学，终于完成了一生中最杰出的传世名品：《秋江独钓图》。

《秋江独钓图》为戴进美术生涯的巅峰之作，作品呈现了一个深秋的江边，一位身着蓑衣的老者孤独垂钓的情景。整幅作品立意独特，笔法精巧，将深秋的肃杀与垂钓者怡然自乐的情怀呈现无余。

确切地说，这幅画表现的不只是一卷风情，更是戴进一生所遵循的，特立独行的风骨与孜孜不倦的艺术追求。

此画一出，举座皆惊，初选就评了第一，送到仁智殿后，明宣宗也极为惊叹，连连赏玩不已，也就牢牢记住了戴进这个名字。倘没什么意外的话，半生默默的戴进，将从此飞黄腾达，加官进爵，成为明朝宫廷画家中位高权重的人物。

但偏这时刻，“吐槽”的来了，便是一向毒舌的谢庭循。早妒忌戴进才华的他，既摸透皇帝的秉性，更找到了这画最大的漏洞。眼看着明宣宗欢喜连连，满意不已，谢庭循顿时妒从心头起，毒从舌中吐：“画虽好，但很鄙野。”翻译成白话就是：这画水平虽然高，但档次太低了。

放在今天，这句“吐槽”属于典型的没事找事，但放在明朝，却完全不一样。到底是“大师”，谢庭循一眼就瞧出了毛病：画中垂钓的老者竟穿着鲜艳的红衣服。而在讲规矩的明初，红颜色是官员朝服才可以穿的，戴进让个钓鱼的穿上，典型的大逆不道。所谓“档次低”，就是这事。

果然，“吐槽”完，明宣宗脸就变色了，再仔细看一遍，立刻勃然大怒，接着就把戴进叫来，气呼呼地骂了一通。本以为技惊四座的戴进，就这样断送了宫廷画师的前途。

当然对比下来，戴进运气算好，这事亏得是发生在统治相对宽和的宣德年间，如果换成朱元璋在位时，这就是“谋逆”大罪，可怜的戴进别说饭碗不保，性命都堪忧。

而这次明宣宗怒完后，戴进的下场，说法也很多，有说他惊慌失措，不等朝廷降罪，自己主动逃跑，甚至一度流落到云南去；也有说法称，他被取消了宫廷画师的身份，断了薪水，赶出宫闱，也一度寓居在京城，但是穷困潦倒，生活悲惨、最后不得不黯然回家。但无疑问的是，走人、贫寒、破落，是他以后人生的主要内容。

默默奋斗半生，孜孜不倦探求，在人生即将接近光辉顶点的一刻，却意外遭遇变故，命运急转直下，从此潦倒后半生。这就是一代画坛奇才戴进“过山车”般的悲剧命运。

宫廷画技法在民间

戴进的委屈，在生前身后，都得到了诸多的同情。平日里他虽然不擅钻营，但因才华横溢，坦荡待人，总算还有几个至交好友。比如当时的明朝礼部侍郎王直，在戴进离京时就曾慷慨资助，并作诗咏叹。

但现实还是如此残酷，这时只是明朝前期，商品经济很弱，资本主义萌芽也没影，市民经济更没指望，作为画家，如果没了宫廷的薪水，生路基本就断绝。

戴进的人生也是这样，赶出宫廷后，也靠卖画度日，但境况却越发惨淡。京城待不下去了，就回到老家杭州，谁知杭州的生计也一般。之后又游走于江苏、浙江、安徽各地，以画画为生，留下墨宝无数。许多后来流传后世的名品，大都作于此时。

但放在当时，这份不朽的艺术才华，着实很不待见，甚至后来戴进的女儿要嫁人，穷苦的戴进连嫁妆钱都凑不出，想拿画换嫁妆，却也没人要。类似的贫寒窘境，各类明朝笔记里，都记录了不少。直到明朝天顺六年，也就是1462年，七十五岁的戴进，怀着不朽的才华，在贫困交加中，告别了这个生不逢时的世界。

但是无论是谗害戴进的谢庭循，还是凄然半生的戴进，都没有想到，戴进的失意，却开创了明朝美术史的一个新纪元：从四十岁离京，到七十五岁离世，奔走各地的戴进，不但留下了不朽的珍品，更收下诸多门生弟子，对每一个求学的后进，他都毫不保留，倾囊相授，他的儿子戴泉，女婿王世祥，也都成为一代画坛巨匠。这些人共同组成的流派，便是明中期起赫赫有名的浙派。

在明朝美术史的演变中，浙派的诞生与发展，堪称一件承前启后的大事，它就像播种机一样，将原属于宫廷的绘画技法，播撒到民间各地，更以开放包容的态度收纳了诸多画坛后进。从明朝成化年间起，明朝美术进入了民间文化蓬勃，市民经济繁荣的新阶段，随着吴派等新生力量的崛起，浙派虽然势微，然而每一个新生的流派，从理念到技法，都从中受益颇多。明朝的书画江湖，从万马齐喑的萧索，到百花齐放的繁荣，戴进孤独的背影拉开了这个转折的大幕。

给明朝皇帝当老师有多难

要论在中国古代，教师行业的最高荣耀是什么，那恐怕莫过于一件事：给皇帝当老师。

这事儿在历朝历代，都是光宗耀祖的好事。发展到了明朝，更成了名利双收的大事：倘若从皇帝做太子起就给当老师，那不单是培养朝廷未来接班人，自己本身也被当做未来重臣培养，太子是“预备”的皇帝，太子的老师更是未来“预备”的栋梁，人称“储相”，加官进爵甚至名留青史，都是指日可待的事。名声自然也更响亮，谁要是摊上这样的工作，基本就是同行眼中的顶级精英，基本被当做“亚圣人”来膜拜。

又有名声又有前途，这样康庄大道般的行业，自然无比热门。但所谓天下没有白吃的午餐，给皇帝当老师更是如此，不但准入门槛高，工作挑战性大，而且到了教育制度极度完善的明朝，更成了一件技术含量极高的“瓷器活儿”。想要干好这个工作，更不单是科举成绩好，学问深就能胜任的，相反真要有“金刚钻”才行。

这活有多苦，不妨瞧瞧去。

教育礼仪真繁琐

明朝的“亚圣人”们，论身份地位，那是高贵无比。可论工作辛苦程度，却也是各有一把辛酸泪。

在现代人印象里，做老师的给学生上课，无非是夹起书本进课堂，洋洋洒洒讲学而已。而作为皇帝的老师，学生只有这一位，没有课堂捣乱，更没处理不完的学生矛盾，理应很轻松。

可放在明朝，却不是这样，虽说学生少，教课流程却一丁点不轻松，相反更繁琐得吓人。明朝是个讲规矩的朝代，大明朝上至王侯百官，下至黎民百姓，从吃饭穿衣到首饰佩戴，样样都是规矩，宫廷教育的规矩，那更是严苛到极致。

仅说皇太子的日常上课，整个流程就极度地熬人。由文华殿大学士总负责，各级老师分为詹事府詹事、少詹事、春坊大学士、庶子、喻德、中允、赞善、洗马、校书等官职，人数多工作杂，特别是皇太子出阁读书的仪式，更是十分繁琐：首先是早晨起来，礼部和鸿胪寺的执事官，要在文华殿给太子行四拜礼，鸿胪寺寺官向太子行礼，请太子到文华殿读书，皇帝要亲自出席，各级官员要挨个行礼，然后仪式结束后，内侍官引着太子在后殿就座，每天侍班侍读讲官依次前来，小太子的学习生活，这才算开始。

而比起之后的学习过程来，上面那些繁琐礼仪，更是小巫见大巫。明朝太子的学习规划，也是开国就定好的规矩：主要分三个环节——读书，听字，写字。其中的每一样，学习强度都极其大，比如读书，每三天就要背熟一篇新课文，而且不是简单背熟就完事，更要求熟练掌握，侃侃而谈。且要求说话字正腔圆，每一个咬字都必须标准。至于听字和写字，更是劳动量惊人，夏天每天要写一百字，看着不算多，但这不是现代人打字，而是古人手持毛笔，工工整整地写大字，每一个字都必须做到结构规整，书写整齐。冬天天冷，稍微还宽松点，写五十个字就行，但每天这么写下来，足够把小孩累抽。明朝的皇位继承人的童年，每天基本就是这么熬过来，至于老师们，当然也一样这样熬。学生不会写，老师就要教着写；学生不会背，老师更要教着背。明朝成化年间的宫廷教师，后来的明朝阁老谢迁曾回忆，当年他给太子朱祐樘教背书的时候，一遍一遍重复着，甚至到了“口舌生疮”的地步，连急带累，嘴都溃疡了。

而比起教小皇子读书来，教大皇帝读书，也轻松不到哪去。明朝宫廷教育制度规定，不但小皇子要上课，皇帝也要上课，也就是“经筵”和“日讲”，即皇帝召集学问好的大臣开会学习，由大臣们给皇帝讲课，主要以历史课为主，评述历代王朝治国得失。大规模的讲座，就是“经筵”，通常在文华殿举行，同样也是一整套繁琐礼节，先是官员行礼，然后讲课，讲完课去左顺门吃饭，吃完饭还要回来谢礼，一场折腾才算结束。相比之下，“日讲”则是小规模的讨论会，没这么多繁琐的礼节，讲课的老师，通常都是皇帝的亲信大臣，课也很轻松灵活。

而这样的课程，与其说体现学习问题，不如说体现政治问题：能被安排参加经筵的臣子，就算不是重臣，也是皇帝正在考察的培养对象，讲课表现怎样，便是最好的升迁机会。而常去日讲的官员，身份更不简单，必得是皇帝最亲近的重臣才行，有些甚至是皇帝孩提时代就教育读书，感情极其深厚的老恩师。常为隆庆皇帝日讲的高拱，以及常为万历皇帝日讲的申时行，都是这样的角色。

而综合上面的流程，能在这样折腾中熬过来的老师，也同样不是简单人物。教小太子学习，不但要有水平，更要有耐心，给皇帝经筵和日讲，考验的不但是口才与智慧，更是表面之下的暗流汹涌。每次看似讲学问，其实官员之间，更是充满钩心斗角，特别是晚明党争加剧的背景下，讲课的讲官们，更是喜欢含沙射影，借着讲课机会攻击政敌，那是家常便饭，至于被人攻击，更是司空见惯。照着《明史》的话说，就是“讲官于正文外旁及时事”，风平浪静的课堂，成了刀光血影的权力战场。倘能在这样的课堂环境里熬出来，必然需要技术含量。

老师各个有奇招

讲课如此凶险，上课当然要谨慎。

首先一个考验老师们的硬标准，便是口才，不但要思维敏捷，口出莲花，还得“普通话”标准，能讲一口标准的官话，说话字正腔圆自然好，要是还懂朗诵，声音洪亮动听，那更是锦上添花。这其中最典型的，还当属明孝宗朱祐樘的老师谢迁，天生一副好嗓子，外加长得帅，口才又好得很。当年东宫讲学的时候，小朱祐樘就格外喜欢他，后来君临天下，仍然宠爱有加，常把谢老师请进宫拉家常。而隆庆帝朱载垕早年的老师殷士儋，倒没这么幸运了，一口的山东话，常把皇帝听得头大。这位明朝杰出的学问家，仕途发展却远不如名臣张居正、高拱等人，教育战线的表现是原因之一。

但更重要的，还是说话艺术。这条在“经筵”上更是决定成败。说话好不好听，口音标准不标准，都是形式问题，内容才是关键。尤其是皇帝开讨论会，讲官好多个，彼此竞争也激烈，于是各路老师也开动脑筋，尽展风采，以期出奇制胜。

而这里面特别有头脑的，当属嘉靖年间的大奸臣严嵩。严嵩的官运早年非常不顺，好不容易科场登第，碰上母丧丁忧，后来好不容易获得肥缺，办理王府袭封，出趟公差却偏赶上宁王叛乱，差点把老命都搭上。前半辈子的人生可谓喝凉水都塞牙，直到四十来岁还是小官一个。

这时机遇再次垂青了他，新登基的嘉靖皇帝朱厚熜，上台后就搞整顿，罢免大批前朝老臣，连“经筵”的几位老师也被轰走，正任国子监祭酒的严嵩恰好补了缺。可在这岗位上，还有彼时嘉靖帝的几位新宠：比如张璁、顾鼎臣，各个名声在外，官职也比他高，老严嵩很没竞争力，但实际操作起来，却是大爆“冷门”。多年宦海浮沉，严嵩别的本事没长，长得最多的就是情商，极会察言观色，几堂课下来就把住了皇帝的脉，这皇帝最大的毛病，就是自负。于是奇特的一幕出现了，别人来讲课，都是口吐莲花，侃侃而谈，相当地神采飞扬，还时常慷慨激昂。轮到严嵩，却恰相反，满面的温柔体贴，说话细声细气，声音如春风拂面，十分地温暖轻柔，直叫新皇帝心花怒放。而最让皇帝开心不已的是：别人讲课，都拼命卖弄学问，换到严嵩，却成了谦逊地向皇帝讨教学问，经常是温柔的声音，谦逊的讲课，突然地话锋一转，就变成装傻状，向皇帝试探着求教。于是“奇葩”一幕出现：本该是给皇帝上课的“经筵”，变成了皇帝洋洋得意，反过来给老师上课了。

这番“奇葩”表演，算是彻底挠到了朱厚熜的痒痒肉，于是严嵩在他心目中的形象，好比一支“黑马股票”，刷刷的上涨，从此平步青云，把持朝政，成了祸害明王朝二十来年的大奸臣。

而比起针对皇帝的“经筵”和“日讲”来，辅导皇太子读书的工作，则是考验老师的基础能力：早教能力。

在这项工作上，明朝公认教育水平最高的有两人，一是明初大儒宋濂，整个明朝宫廷教育的制度，都是他一手创办的，明朝第一位太子朱标，更是他的得意学生。而作为朱元璋的长子，朱标的学问和能耐，不但让苛刻的父亲朱元璋满意，其外柔内刚的性格，更深受老师宋濂的影响。宋濂在明初的官场上，是个出名的老实人，从来不说谎，平日小心谨慎，更从不私下议论朝政。但不说并不意味怕事，每当同僚遭难，大家都躲风头时，他却挺身而出，特别是不顾触怒朱元璋，冒死营救茹太素的壮举，更是震动明朝政坛。这份高贵品质也同样潜移默化，传给了他最重要的学生：太子朱标。

而在整个明朝，也不乏这样有性格的老师。明孝宗的内阁首辅刘健，也是其中一位。明朝太子教学最大的困难，就是小孩子贪玩，一旦学业太苦，就想方设法偷懒，甚至和贴身小太监沆瀣一气，合伙逃课。后来著名的贪玩皇帝明武宗朱厚照，早年就是这方面的典型。

而作为朱厚照的父亲，明孝宗朱祐樘在孩童时代，虽说总体表现好得多，可孩子天性爱玩，也不乏有贪玩偷懒的时候。而每当这时，他身边几位老师的表现，也是截然不同。最为温柔的，还是那位口才甚好的谢迁，每当小太子耍耍赖，谢迁都是一个办法：讲故事。小太子要偷懒，就给小太子讲古人勤奋好学的故事；小太子想玩耍，就讲玩物丧志的故事，凭着超人的口才，每次都循循善诱，说得小太子回心转意。

而比起温柔的谢迁老师来，一同共事的刘健却完全是另一种脾气，他老人家早年没考取功名的时候，就早早落了诨名：木头。后来好不容易科场登第，官场混了没几年，诨名也进步了，变成了“爆竹”，顾名思义就知道：这人年轻的时候就倔，眼里不容沙子，后来当了官，老毛病没改，新毛病又添：火爆脾气。

这性子的人去教小朋友读书，后果可想而知：从来不拿太子当回事，犯错了就批，功课完不成就罚，十足地生猛。而且这人虽然脾气臭，但“气场”却强大，每次发飙都引经据典，既让人震撼，还说不出话来，而且一旦脾气上来，就是一根筋到底，动不动就撂挑子，非要你照他的办。

而在这事上，同事谢迁也配合，每次小太子犯错，刘健发飙，谢老师就来劝架，当然是拉偏架，表面帮小太子，其实是和刘健一唱一和，红脸白脸地哄小朋友，但这招确实管用。少年朱祐樘在这样的教诲下，养成了刻苦学习的好品格。甚至后来朱祐樘登基，刘健也成了内阁首辅，这威力依然有效：就像当年读书时，每次刘老师布置的作业，小太子都不敢拖一样，后来刘健老师上奏折，朱皇帝也是第一时间批阅，快速认真回复，甚至很少拖过夜。勤政爱民的好习惯，算是养成了。

师徒从来情意重

明朝的皇帝们，素来被人诟病的地方不少，但也有一个公认的好传统：尊师。这个传统，不仅是来自于文化传承，更是一种成长的情感。

有明一代，凡是做过帝王老师的臣子们，哪怕有人犯错获罪，帝王念及昔日的教养之情，也都会倍加安抚。就连被公认为昏君，一辈子只知道做木匠活的天启皇帝朱由校，对老师也极其礼敬。他早年的老师之一，便是明代书画大师董其昌。谁知这董其昌书画一流，品德末流，在家乡抢男霸女，无恶不作，终于惹来大祸，被人结伴寻仇，连家宅都给烧了，外加多年来他结怨太多，出事了连地方官都不管，乐得看热闹。而就在这最困难的时候，天启元年（1621年），家破人亡的董其昌再次得到启用，当上了太常寺卿的职务。这是天启皇帝用自己的方式，作为对老师的保护。

而就连出了名的小心眼，对大臣们一点小错就苛责的嘉靖皇帝朱厚熜，在对待自己老师的问题上，也展现出了宽容的态度。他早年做藩王时的授业恩师，便是当时的湖广提学副使张邦奇，后来嘉靖帝君临天下，张邦奇也得到重用，被任命为代理吏部尚书。可张邦奇天性耿直，又极有政治理想，见嘉靖皇帝做得不对，就时常直言进谏，外带嘉靖皇帝登基后，常年沉迷修道，大搞封建迷信，张邦奇看不过去，多次极力劝阻。这事放在别的官员身上，那可摊上大事了，嘉靖年间的官员触怒了嘉靖，轻的有流放，重的有杖责打死，但换到张邦奇身上，虽然也有严嵩等人极力构陷，可嘉靖还是不为所动，最后只是将张邦奇平调到南京了事。这位忠诚耿介的臣子，最终善终于南京任上，十分不易。而另一位他昔日的老师张璁，后因得罪他被罢官，但即使赋闲在家，每年张璁过生日，朱厚熜都从来不忘，派宦官跋山涉水，来到张璁家里慰问。

而在明朝帝王的师徒感情上，最为动人的，则是明穆宗朱载垕与老师高拱的故事。

明朝历代帝王中，明穆宗朱载垕，算是童年比较惨的一位。父亲嘉靖皇帝笃信“二龙不相见”的说法，常年冷落他，外加严嵩专权，与他“不对付”，常年各种构陷，父爱缺失又兼政治环境凶险，十足没安全感。

这样的环境，也造成了朱载垕早年惶恐怯弱的性格，一点小事就会惊慌不已，直到有一天一位老先生成为他的王府老师。这位老先生就是高拱。

作为后来明朝的一代改革家，高拱最大的特点，就是硬气，天塌下来都不慌，啥大事都有主意。这下正对了朱载垕的心思，之后几十年，强硬坦荡的高拱，成了朱载垕心灵里最大的依靠，无论遇到什么事情，只要高拱在身边，他就有了主心骨。做王爷的时候，多少大风大浪，就这么熬过来，熬到顺利接班，登基为帝，接下父亲留的烂摊子。然后开放沿海贸易，北抗鞑靼入侵，整顿官场风气，推广一条鞭法，多少事关王朝命运的改革，多少牵一发动全身的大事，这位早年懦弱的青年，全都勇敢地担当。因为，他有高拱。

正是在这对师徒的努力下，大明王朝的国力蒸蒸日上，一反嘉靖年间内外交困的惨淡，再次欣欣向荣。然而就在这节骨眼，体弱多病的朱载垕，生命却走到了尽头。隆庆六年（1572年），临终前的朱载垕，再次召来了高拱，这个中国政治史中常见的托孤景象，却演变成了一场浓浓的师徒情深。见到高拱后，朱载垕依然像个孩子似的，撸起裤腿，给老师看自己腿上的浮肿，一边看一边苦笑，说先生（高拱）我今天可以歇歇吧？如此情景，仿佛不是政治托孤，而是一个生病学生，在给老师请假。

而后的那一幕情景，更成了高拱一生中难忘的一幕：朱载垕让高拱搀扶着他，在皇宫园林里散步，等着终于走累了，高拱好心地劝朱载垕：该回去歇歇了。而这时，震惊在场众人的一幕发生了：朱载垕紧紧地握住高拱的手，认真地看着陪伴了自己大半辈子的恩师，一字一句眼含热泪的重复着一句话：送我！送我！先生送我！

此情此景，在场众人无不垂泪，而一向以硬汉示人的高拱，也难遏感情，当场泪如雨下……

穿越那交织着权谋、利益、争斗的历史表象，那年那月，那时那刻，跃然后人眼帘的，是那师生间永不消逝的情怀。

明朝科举都考啥

如果要评选中国历史上最难的事，拥有千年传统的科举制度必然榜上有名。

科举难，难到即使是今天稍微懂点历史的中国人也几乎耳熟能详：头悬梁、锥刺股，都不是随便说说。所谓金榜题名，平步青云，那实在是做梦都盼望的。至于梦想有多远，戏文里常唱的“十年寒窗苦”，也不过是个“起步价”。

如果再“难上加难”一点，评选中国历代科举中考试难度最高的一个时代，那答案恐怕是公认的：明朝。

高福利的明朝科举

有关明朝科举制度的种种弊病，后世史家历来抨击不断，这里却要先说点好话：以科举考试为取材方式的明朝教育制度，是中国古代史乃至世界古代史上最好的教育福利。

自古以来，教育就是个费钱的事儿，放在同时代的欧洲国家，基本就是贵族的专利。古代中国的情况，虽然没有欧洲那么严重，但汉唐时期读书识字的，基本还是以有钱人为主。宋朝开始，科举录取大规模向平民开放，但读书的花费，对普通家庭而言仍不轻松。

相比之下，从明朝开始，上学的成本，对于普通老百姓而言，显然低得多了。从明朝起，官学教育日益发达，县里有县学，州里有州学，府里有府学。官学的工作人员，皆纳入国家“公务员”编制，就读的学子称为“生员”，不但学费全免，更按成绩考核，享受“国家财政补贴”。这项制度虽然沿袭前朝，但明朝官学的数量和覆盖面，远比之前历代大，连西南和西北等少数民族聚居地，也建立了完备的官学教育系统，学校“生员”的数量，更是不断刷新历史纪录：以县学为例，明初的县学“生员”，只有20人，但之后不断增加名额，到了明末的时候，全国的“生员”数量竟高达50万人。清朝建立后，也基本沿用了明朝的官学教育系统。

明朝学子究竟享受怎样的教育福利？明初大儒宋濂的名篇《送东阳马生序》里就可瞅出端倪：在官学里读书的学子们，一日三餐都由国家供应。各处官学遍地，学子们可以就近入学，不必再像前朝（元朝）那样，为了读书离乡背井，尝尽辛酸。每个学校都有德才兼备的老师，帮助学生解答各种问题，还有丰富的藏书，可供学生随时借阅翻读。宋濂在文章最后还谆谆教诲：这么好的学习条件，如果还不用功读书，那就太对不起人了。

除了优厚的福利外，明朝教育还有两点远超前代：公平和前途。以公平而言，除了沿袭宋朝科举公正、面向平民的传统外，在官学的招生上，更侧重公平录取。明朝的官学，每年都有招生考试，而且相互之间，也是上下层递的关系。学生想从县学考到府学，乃至进入当时中国最高学府——国子监，只能刻苦读书考试。明朝以前，国子监是个管理机构，而自明朝起，它变成了一个完全的教育机构，取代了先前的太学。这样变化的结果是：明朝以前的太学学生，主要来自贵族和官宦子弟，明朝以后的国子监，绝大多数学生，都出身平民阶层，是一级一级考上来的。

考上国子监的意义，对于学生而言是非常诱人的，不但读书免费，即使不参加科举，只要表现良好，考试成绩优良，就有机会捷足先登，直接入朝为官。如果参加科举，更可以在京城就近赴考，录取机率要大得多。比起其他读书人，可谓少奋斗十年。

正是拜这样的高福利所赐，在明朝时代，读书成了一个低成本且前途远大的工作。这带来了两个结果，一是文化的普及，中国人的识字率大大提高，这从明朝文化上就可得以佐证，各类通俗小说在民间广为流传，古典名著如雨后春笋般出现。二就是科举考试竞争的日益激烈，用数据说话，仅明朝成化年间，国子监的学生就多达1.9万人。科举更成了千军万马争过独木桥。

让人抓狂的八股文

俗话说，天下没有免费的午餐，放在明朝科举上，也是同样的道理：享受中国古代史上最优厚的教育福利，就要接受中国古代史上最艰难的科举考试。

从表面看，明朝科举考试的方式，似乎比前朝简单。唐宋的科举考试，不但门类繁杂，而且科目众多，比如唐朝，要按照考试专业来报名，有秀才、明经、进士、明法、明算等多个门类，考试形式也五花八门，比如“贴经”是默写儒家经典条文，“大义”是背诵儒家典籍等。宋朝科举做了改革，死记硬背的东西考得少了，但加了“经义”，就是写议论短文。一路考过来，好比翻山越岭。

相比之下，明朝科举的考试内容，就简单多了，主要就是让考生写文章。但表面简单的考试要求，比起唐宋的“翻山越岭”，却更有一条考生难以逾越的鸿沟：写八股文。所谓八股文，就是明朝科举考试制度规定的专用写作文体，在中国古代文学的各类体裁中，它更是公认的最难写的一种文体。

八股文难写，首先因为结构要求严格。顾名思义，一篇八股文，结构要分为“破题”“承题”“起讲”“入手”“起股”“中股”“后股”“束股”八个部分。每个部分的写作，更有严格到苛刻的规定。比如考生拿到一个题目，首先要在“破题”中，用两句话解释题目，然后要在“承题”中，接着上文阐述题目，之后从“起讲”开始，展开对主题的议论，“入手”部分，则承接观点。接下来从“起股”开始，进入文章的正式论述环节，“起股”“中股”“后股”“束股”四部分，要分成四个段落，每个段落中，更必须有两段对偶排比的句子，作为结尾的“束股”部分，还要总结全文观点，呼应主题。全篇的字数，更要限定在几百字内（康熙年间确定为700字，并一直沿用至清末），其要求之严格，形式之苛刻，堪比花样滑冰中的规定动作比赛。

而比起苛刻的结构要求，八股文对书写内容的要求，更加严苛。考生不能有自己独立的观点，考卷上所写的每一个字，表达的每一个主题，都要严格遵循理学大儒朱熹的《四书章句集注》，否则任你写得妙笔生花，一样落榜没商量。

而等到莘莘学子踌躇满志，真正走进明朝科举考场后，他们便会发现，所谓考验，其实才刚刚开始。

明朝科举的考试流程，堪称中国古代史上最“熬人”的考试。以明朝乡试为例，每三年的八月初九考一次，每次考三场，每三天一场。考生每次入考场前，需要先脱掉衣服接受搜身检查，从检查到进入考场，往往就要耗掉至少两个小时的时间，比乘飞机前的过安检麻烦得多。以至于有些考生还没进考场，就早早瘫了。等着好不容易进了考场，考生接下来要面临的，就是要在昏暗的小黑屋（每个考生都是单间）里，接受连轴转的车轮战：第一场考四书五经，也就是按照考题写八股文，总共要写七篇；第二场考应用文写作，考生要完成一篇政论文，五篇判词，外加一篇公文写作（诏、表、诰三种文体选一种）；第三场考策问，也就是时政问答，考生要根据考试所给的材料（包括有历史材料和时政热点问题），书写五篇论文。且不说考题难度如何，考生水平状态如何，仅如此大的书写量，就足够把人累到七荤八素。

综合上述情况，我们不难做出结论，比起唐宋科举的

“翻山越岭”来，明朝科举的这道“鸿沟”，还真不是考生们“跃”过来的，而是一步一滴血汗、艰难困苦地“爬”过来的。

八股考试的弊病，无论是在明朝时代，还是在今天，都有不少抨击之声。但实事求是地说，八股文也并非一无是处，就连《儒林外史》的作者，批了一辈子科举黑暗的清朝文学家吴敬梓都承认：“八股文若做得好，随你做什么东西，要诗就诗，要赋就赋，都是一鞭一条痕，一掴一掌血。”事实也正是如此，八股文在形成过程中，充分吸取了唐宋散文甚至元朝散曲的特色，体式结构严整精密，文风凝练犀利。明朝时代璀璨的小说戏曲文化，甚至光耀古今的心学思想，也都从中受益匪浅。

所以虽然这几百年里，有关明朝科举“牢笼人才”的诟病颇多，但另一个景象是：在能够修炼好“八股”这门顶级武功，并成功通过“炼狱”考试，最终金榜题名的学子们中，纵然有不少死读书的呆子，却更不乏名垂青史的大人物。诸如王阳明、张居正、孙承宗等明朝牛人，都是从“八股”这条恐怖鸿沟里淬炼出来的。

高强度的武举考试

无论中榜与否，炼狱般的八股考试，必然是每个考生心中挥之不去的记忆。但要论“炼狱”程度，明朝的另一项考试，怕是有过之而无不及：武举考试。八股考试不管多难，总算还是脑力运动。武举则不同，既要考武艺，也要考写文章，对于考生来说，可谓双重折磨。

与八股科举不同，明朝的武举考试，一直到明中期的弘治年间才真正以制度形式确立下来。和文科一样，也分为乡试、会试、殿试三个环节，而且还有一条硬标准：必须要考策论，也就是军事理论考核。

明朝的每一轮武科考试，和文科一样，也是分为三场。第一场考骑射，也就是骑马射箭，考生需要在靶场纵马驰骋，在规定时间内朝三十步（约45米）外的箭靶射出九支箭，至少中靶三箭，才能算及格。接下来考步射，也就是原地射箭，考生要在平地上，朝八十步（约120米）外的箭靶在规定时间内再射出九支箭，只要有一支箭中靶，就能顺利过关。武艺方面的考试，主要就是这俩环节。

对于大多数考生来说，武艺方面的考核标准，显然还算比较松，只要常年习武，顺利过关并不难。但接下来的第三关，就没这么轻松了：策论。

武科的策论考试，和文科一样都是写文章，考题内容自然不同。武科策论要写三篇文章，其中“策”有两道，考行军布阵以及兵法思想，最难写的却是“论”，因为论不但要考兵法，更要考儒家典籍，甚至还包括四书五经的学问。就算是饱读诗书的文士们，答起来也绝不轻松，而放到整天习武的武科考生身上，更好比张飞绣花了。

而在阅卷打分上，明朝武科考试，也一直遵循三个原则：1.策论考试成绩高，而且武艺考试同样好的考生，自然列为上等；2.策论考试成绩好，但是武艺考试成绩差（勉强过关）的考生，要列为中等，但武艺考试成绩好，策论考试差的，要列为后中等，比中等略差；3.策论好但武艺不过关，或者武艺好但策论不过关的，一律不予录取。三条原则，其实却是一个通用的治国标准：重文轻武。

明朝中期开始的这套武科考试标准，从目的上说，是为了培养文武双全的军事人才，但随着时间推移，一个问题来了：16世纪以后，中国军事科技飞速发展，火枪、火炮、战车等新武器的应用日益广泛，想要打胜仗，会射箭或会写文章，显然都越发不够了。国家需要的军官，是能够指挥冷热兵器协同作战的人才。万历年间，也有大臣看出了这个问题，提出改革武科考试，其中武艺方面：第一场要考射箭以及搏击格斗；第二场则要考现场排兵布阵，指挥火药武器和战车作战；第三场的策论考试，除了考兵法外，更要考天文地理甚至军事科学。但是这个正确的建议，却没有被明王朝采纳。没采纳的后果，就是晚明考出来的一群看似高分的武将，却十分不接地气，上了战场总被打得稀里哗啦。

外国人眼中的明朝

16至17世纪，对于人类历史影响最重大的事，便是地理大发现。

新航路的开辟，让全球各地都招来了大批西方人，除了明火执仗打劫的海盗，便是捧着《圣经》到处唠叨的传教士。这些人不是玩命地杀人抢财富，就是勤劳地盖教堂收徒弟，中心思想就是两字：侵略。

侵略得如此积极，终于也惹到了大明朝头上。但当时的大明朝，真心是个硬骨头。什么葡萄牙、西班牙，不听话的就玩命打，从正德年间起，时不时把洋大兵的脑袋和臭名昭著的倭寇挂在沿海城头上展览一把。

但洋鬼子也实在是块滚刀肉，打不过就赖皮。典型如葡萄牙人，一边赖着不走，一边咬牙大出血给明朝塞钱，总算把澳门给租了下来。比起后来洋人充干爹的香港，明朝的澳门，房东就是大爷：葡萄牙总督见了明朝县令就要下跪，日常司法管辖，都要明朝说了算。从嘉靖年间到鸦片战争前，怂房客葡萄牙，夹着尾巴做人三百年。

但自此以后，一个重要的影响，却远比租块地要深远：那群夹着《圣经》的传教士们，也借着这窗口慕名而来，打仗打不过你，我用上帝来“摆平”你。

为了传个教，这帮人比抢地盘的殖民者还拼。欧洲数学、天文、武器制造的尖端成就在这一时期起源源不断传入。近代中国学者普遍认为：明末西方传教士的东来，是西方近代文明输入中国的开始，这种情景有个普遍的称呼：西学东渐。

除了传教外，这些欧洲传教士们，还通过他们回到欧洲后的著书立说，为欧洲人带回了一个更真实，其文化、教育、政治制度、经济水准、繁华程度都更让欧洲人艳羡不已的中国。在东西方文明的交流历史上，他们是最早的桥梁。

但这么做的直接后果，却让洋人更做梦也想不到：他们呈现给欧洲人的那个强大中国（明朝），竟对欧洲17—18世纪的文化流变乃至社会思潮，都产生过更加深远的影响，甚至造成了一个令诸多启蒙运动思想家都沉迷其中的热烈风潮：中国热。很多欧洲历史学家都认定：欧洲近代的伟大变革中，“中国热”就是其中重要的助推。

这些影响了历史的传教士，都是些什么人？他们眼中的明朝，又是什么样子？

勇敢的传教士们

葡萄牙人获得澳门的租赁权后，于明朝嘉靖三十四年，修建了第一座天主教堂，但当时传教士只被允许在澳门活动。甚至走出澳门规定区域，都会遭到当地政府的盘问。想在中国境内传教，几乎是个不可能的任务。

但早有不信邪的，葡萄牙传教士沙勿略就是一个。他是明朝嘉靖十七年耶稣会派出的第一批赴东方的传教士，曾经先在日本传教，把西方的科技文化大批引入日本，结果获得巨大成功，还成了好些日本诸侯的座上宾。于是他获得了一个宝贵经验，照着他给耶稣会信里的意思说：想让东方人信咱的教，就得让他们先信咱的科学。

这条宝贵经验，后来前仆后继的外国传教士们，都一直在继续。

但到了中国，他却碰了钉子，连门都没摸到。嘉靖二十九年，沙勿略抵达距离广州三十里的上川岛。但是再往前走，就有明朝政府严格盘查。徘徊了数日之后，不得不无奈地离开。

之后他又想办法混进泰国到明朝入贡的使团，打算瞒天过海混到北京去，谁知运气不好，好不容易花光钱打点进来，又赶上泰国国王去世，原计划的入贡取消。这一花钱打水漂外加希望破灭的沉重打击，彻底摧垮了他的身体。这年年底，身在印度的他不幸病逝。

而这位传教士中的探路者，对后来人影响最大的，还有一句重要遗言："为了帮助不同民族的人接受福音，除了要学习他们的语言，更要对他们的文化有所认识。"

而在沙勿略过世三十年后，终于有一位意大利传教士罗明坚（全名叫Michele Ruggieri）获准进入中国境内。

他能得到这个好多人梦寐以求的机会，却是拜了此时租住澳门的葡萄牙人，没事犯抽所致。

万历七年，已经有好些年没挨明朝揍的葡萄牙澳门当局，突然脑袋发热，竟然擅自在澳门选举葡萄牙法官，在当地行使葡萄牙法律。如此赤裸裸侵犯大明主权，立刻招来严重后果：两广总督陈瑞拍案大怒，然后明朝大兵压境，要把葡萄牙人全部灭掉。

眼看灭顶之灾降临，整个澳门全吓瘫。据说当时葡萄牙的教堂里，老老小小的葡萄牙人凑一起号啕大哭，几天几夜都不停。终于把一个神父给哭烦了，此人大义凛然地站出来：都别哭了，我去找中国人谈判去。

这个勇敢的神父，便是罗明坚。

虽然葡萄牙人不哭了，但罗明坚的这个法子，当时看简直就是痴人说梦：小小的神父，谈判就能解决问题？笑话！

但罗明坚却实在不是一般人。他最大的本钱就是对明朝的了解，自从来到澳门后，他一直积极学习中国文化，不但说得了流利的官话，甚至也深懂中国的人情世故。尤其厉害的是，他来中国的时候已经三十六岁，而且天生记忆力差，但就这么个条件，通过刻苦学习，竟然掌握了一万五千个汉字，还写了一手漂亮的书法。

这个刻苦勇敢且聪明的人物，将通过此次恶性事件，打开西方传教的窗户。

结果在见到两广总督陈瑞后，他只玩了一个小小的文字游戏，就完美解释了这次恶劣事件：葡萄牙选的不是法官，而是家长。就像你们中国的村里，不也有老族长管事吗？我们洋人也一样，百善孝为先嘛！

当然对付陈瑞这种老官僚，几句话是不顶事的。罗明坚不但很会说，还更会送，早知道这位总督酷爱风雅，极会享受生活，于是投其所好，送他天鹅绒和玻璃珠当礼物，果然把陈大人哄高兴了。

外带葡萄牙当局也乖巧，不但郑重承诺遵守大明法律，又咬牙赔了大笔钱，还痛快地主动涨租金。高兴的陈大人于是高抬贵手，放了葡萄牙一次。澳门历史上的一次惨烈大祸，就这样被罗明坚圆满和平解决了。

而罗明坚的最大收获是，通过斡旋此事，他彻底搭上了两广总督陈瑞这条线。而后他更加积极活动，卖力巴结陈大人，很快获得了丰厚回报：陈瑞将广东肇庆天宁寺划拨给罗明坚，作为他传教的场所。这个重大收获也立刻传到了耶稣会总部，耶稣会总会趁热打铁，为他派来了一个学生，跟他学习汉语。这个人就是后来比他还杰出的被赞为“西方汉学之父”的利玛窦。

最牛传教士利玛窦

按照沙勿略的遗言，想在东方传教，必须要懂东方文化。照这个标准，利玛窦的履历，实在是太符合。

到达中国之前，利玛窦已经接触了多年的东方文明，他在越南、印度、日本等地先后生活了四年。东方的文化和风情，早已尽尝。

而比老师罗明坚更强大的，是他强大的教育背景：早年的老师就是彼时意大利数学家克拉乌，科学造诣极深。语言天赋更强，人没出欧洲，就学会了希腊语，后来多国传教，走一路学一路，熟练掌握多种语言。

而在来到中国后，他除了成为罗明坚的好学生，更成了工作中的好搭档。两人密切配合，在广东卖力发展信徒。

谁知现实却给他们当头一棒，虽然有总督大人撑腰，而且衙门还颁布严令：禁止任何人给他们捣乱。但现实依然残酷，无论是读书的学生，还是没文化的平民，乃至有钱的士大夫，对他们都十分抵制，看他们就像怪物一样，辛苦忙活一年，才发展了一个信徒。

就在残酷的现实面前，更加聪明的利玛窦，有一天终于开窍，给老师出了一个看似极“馊”的主意：咱先不传教了，咱去交朋友。

虽然罗明坚觉得，自己学生这主意和脑子“进水”差不多，可传教前景如此黯淡，再干也白搭，那就死马当活马医吧。

于是，奇特的一幕出现了，两位洋人脱掉洋装，换上了漂亮的汉服，还留起了中国士大夫的胡子和发式，开始在广东士大夫阶层中广泛走动，频繁参加各类交际活动。他二人态度谦和，而且学问也渊博，更舍得花血本，日久天长，终于交上了几个好朋友。

而他们交朋友的最主要方式，就是通过各色的文化界活动，展示西方的新奇物件：自鸣钟、三菱镜、地图。这招一开始奏效，好些当地的商人也和他们走动频繁。但高端的朋友，还是交不到。在士大夫眼里，这些玩意都是奇技淫巧，根本上不了台面。

于是利玛窦一咬牙，为了上台面，开始刻苦学习，玩命地钻研儒家经典。一有不懂的问题，就主动找学者上门讨论，不管别人怎么嘲笑挖苦，一概唾面自干。这种虔诚求教的精神，终于感动了好多人。许多广东当地的知名学者，乃至有名望的士大夫，都经常和他们一起讨论学问。交际的圈子，越来越广。

但利玛窦自己更没想到，他这样做的后果，除了改变了传教的前景，更深深改变了他自己：在刻苦的学习中，中国文化的博大精深，让他打开眼界。而中国士大夫阶层傲慢外表下的开明与好学，更让他诚心敬佩。他后来在日记里，不惜笔墨地表达了自己的称赞：中国学者“医学、自然科学、天文学都非常精通”，强大的明朝更是“柏拉图笔下的理想国”。

这位虔诚的传教士正潜移默化地被儒家文化征服。

而这期间他留下的最宝贵财富，就是绘制成功了《山海舆地全图》，又名《万国地图》。这是中国历史上第一张中文版的世界地图，通过这张地图，中国人第一次放眼看世界，了解了世界有五大洲、四大洋。

利玛窦的苦心没有白费，他在中国的朋友越发多，混的也越发风生水起。但万万没想到，传教大业却横遭打击：支持他们传教的两广总督陈瑞离职，新任两广总督将他们逐出了天宁寺。怎料祸不单行，当利玛窦在新结识的中国朋友的帮助下，得以在广东韶州传教时，他的两个助手却又相继去世。恩师罗明坚也返回欧洲。但利玛窦却坚持留了下来。在这时的他眼里，除了传教外，还有一件更重要的事，需要他留在中国做完：把中国的儒家经典，完全译成拉丁文。这个工作，他做了几乎后半生，即使最孤独的时候，也从未中断。

而在几次传教受挫后，利玛窦也洞悉了晚明的社会形态。这为他的传教事业，找到了一个全新的战场：书院。在很多中国朋友的帮助下，他得到允许，可以在书院里讲解西方科学知识。

明朝文化发展到中后期，传统的理学思想不断遭到批判，逐渐成为热潮的心学思想，崇尚学术自由平等，倡导辩论探讨。而身负教育之责的书院本身，更成为自由学风的载体。利玛窦，也开始借助这个东风。

之后的很多年，利玛窦的足迹，都以书院讲学为形式。先是在其中国弟子瞿太素的帮助下，得以在韶关书院讲解西方的科学知识，引起当地轰动。万历二十三年（1595年），他由南雄刺史王应麟陪同至南京，打算先进书院讲学，然后谋求传教，却被当地地方官下了“不予接纳”的禁令。进退维谷间，江西巡抚陆万垓向他抛出了橄榄枝，在江西南昌，利玛窦与酷爱天文的陆万垓畅谈，交流东西方天文学的差别。

在陆万垓的帮助下，利玛窦获准在明朝著名学府——白鹿书院讲学。他详细地讲解了东方日晷记时与西方记时方法的优劣，并阐述了西方天文观测和日食测定的基本理论。次年九月二十二日，利玛窦成功预测了当天发生的日食，从此名声大振。

比起早年在广东修建教堂的做法，利玛窦在江西做出了改变，他一不修教堂，二不公开传教，反而借鉴《四书》里的段落，将天主教的“上帝”与中国传统的“上帝”合二为一，通过交流西方科学知识的方式潜移默化传教。这种传教方式，后来被他归纳为“南昌传教方式”。这时期的利玛窦，传教成果显著，而他本人也习惯了穿儒家袍服，蓄中国式长须，一派儒生形象，也得了一个尊称：泰西儒士。

结识徐光启

就在利玛窦传教南京的时候，一个游历广东的上海青年无意间走进了他在韶关的教堂，在得悉了利玛窦的事迹后，对他大为仰慕。万历二十六年（1598年），利玛窦再赴南京时，终于和这位青年相见，之后他们成了一生的良师益友。这青年就是徐光启。

结识徐光启期间，利玛窦在南京和南京有名的高僧雪浪进行了一场有关天文、历法、算学等内容的辩论。这场辩论的结果，就是使利玛窦得到了不少南京当地知识分子的认同，尤其是得到了后来的明朝内阁首辅，此时任南京礼部尚书的叶向高的支持，在叶向高的帮助下，利玛窦在南京正式建立了教堂。两年后的五月，利玛窦又获准在北京传教并常住。

当时这件事，在明朝的反对声也极大，个别恶毒的人，还说利玛窦是“鸟学人言。”可比起清代的闭关锁国来，明朝的士大夫大多是明白人，连内阁大学士沈一贯等人也对此持开明态度。于是，利玛窦如愿以偿了，此后他永住北京，悉心传教。在他的努力下，北京当地有了两百多名天主教徒。万历三十八年（1610年）五月，利玛窦病逝于北京。

晚年的利玛窦除了传教外，最重要的工作，就是著书译书。万历三十四年（1606年），他在北京和徐光启合作翻译了欧几里得的《几何原本》，这是一本奠定现代中国数学教育的著作，当代中国数学中的“直线”“平行线”“开平方”等数学名词，皆从此书翻译开始。他又与李之藻合作翻译了《同文算指》，这是西方数学家克拉维斯的经典数学著作。后来的熊三拔、邓若涵、汤若望、郭居静等具有深厚科学造诣的传教士也经他介绍，进入中国主流知识阶层。在中西方文化交流上，他确是位至关重要的人物。

值得一提的是，利玛窦传播西方学术思想的初衷，是为了帮助传教，但中国士大夫对西方自然科学的热情却最终让他吃惊。在他早期传教韶州的日记里，他曾感叹中国知识分子“很少有科学方面的交流。”但晚年他寓居北京的日记里，却惊讶地赞叹“中国士大夫对科学的热情，可以用饥渴来形容”。彼时明朝已是末世，国家危机严重，学术领域里，“经世致用”的实用主义思潮盛行，青年知识分子普遍希望用实用的学术知识来挽救江山社稷，这也是利玛窦等西方传教士得到知识分子们普遍欢迎的重要原因。

利玛窦等的贡献

说利玛窦是西方汉学的先驱，更重要的原因是，他促成了西方汉学的兴起，甚至引发了之后持续西方百年的“中国热”。

利玛窦等传教士的更大贡献，是“东学西渐”。中国的哲学、历史、文化、以及造纸、印刷、农艺、数学、饲养等先进文化，都被他们不遗余力地翻译到西方。

早在万历二十一年（1593年），利玛窦就把他翻译出的《四书》托人带回意大利，拉丁文版的《四书》问世后，在欧洲引起轰动。利玛窦去世十六年后，另一位传教士金尼阁完成了他的心愿，将《五经》也翻译成为拉丁文。

中国儒家文化的传入，在彼时西方知识界引起了剧烈“地震”。德国哲学家莱布尼兹评价说：“中国儒家文化极有权威，远在希腊哲学之上。”莱布尼兹成立的柏林学派，从此将中国哲学作为核心研究课题。而利玛窦在欧洲影响最大的著作，却是他在中国用拉丁文写的日记，后被金尼阁整理成《利玛窦中国札记》。在这本日记里，利玛窦全方位地介绍了中国的社会风貌、经济情况、文明程度、书中展现的繁华、文明、富足、开放的中国社会让无数欧洲人心向往之。在整个17至18世纪两个世纪里，这是欧洲最畅销的图书。

这以后，介绍明末中国的图书如雨后春笋，之后有了西班牙人门多萨的《大中华帝国史》，葡萄牙人曾德昭的《大中国志》，不但介绍中国的社会风貌，更展现中国此时独具特色的政治制度和司法体系，这一切都成为此时欧洲清新的空气。在曾德昭的书中，他称赞中国“住房设计良好便于住宿，舒适整洁”，“城市繁华，每天的情景都像欧洲大型的节日”。中国的城市有“优良的建筑，宽大的街道，优雅的百姓”。中国人的修养、文明、素质都令大洋彼岸的欧洲人大为钦敬。

公元1700年，法国国王路易十四在宫廷宴会上，破天荒地穿上了中式服装，整个欧洲为之轰动，此后，持续百年的“中国热”开始了。之后的一个世纪里，欧洲人以穿中国服装，使用中国物品为荣。而伏尔泰、孟德斯鸠等启蒙思想家，开始赞扬中国的文化政治制度，抨击欧洲的黑暗专制。这是后来欧洲资产阶级革命的先声。

明代科学对世界的影响

晚明一桩堪称人类文明史的盛事，便是西方文化的大量输入。

随着隆庆开关后，中国大门正式向航海时代的世界敞开，以传教士为主体的大批西方学者纷至沓来，虽说传教很失败，但意外收获极成功：新鲜机巧的西洋物件大受欢迎，从望远镜、地球仪这样的科普产品，到钢琴、萨克斯管这类娱乐玩具，在明朝消费阶层里广泛流行。西方的数学、物理、化学等科研成果，更大规模地涌入。

大人物左宗棠的悲愤

新鲜的西方文明，仿佛大洋彼岸的季风，就这样一波波热情地吹来。而对这滚滚浪潮，绝大多数的明朝知识分子，情绪普遍稳定，态度更积极兴奋。虽然后人说起“放眼看世界第一人”，常首推清代林则徐，但要论看世界的境界高度，明末的士大夫随便拉几个出来，也要甩林则徐“几条街”。

这些热情且睿智的明朝科学家，像武侠世界里吸纳别家门派真气的高手，“炼功”的新成果极喜人：《崇祯历书》的精确水准远超前代；天文望远镜“窥远镜”堪称17世纪世界最尖端产品；改装欧洲装备的明朝军火，杀伤力强大到恐怖；龙尾车等西方农业器械，也被创造出各类升级版，到民国年间还广为使用。更有从《几何原本》到《泰西水法》，一批亚欧合璧的科学巨著，内容都丰富生动。晚明科技文化，在西方新思想的催动下，繁衍出一派郁郁葱葱的风景。

但这样的生机勃勃，随着清军入关，终变成了悲情的昙花一现。各种科学著作成果，以“异域邪说，蛊惑人心”的名义，长期遭到禁毁。好些明末时流传如家常便饭的科技，到了清朝退化到神秘：比如明朝战场上常见的开花炮弹，在清代销声匿迹，连放眼看世界的林则徐都一头雾水，不知这好玩意咋造。直到左宗棠西征，在陕西凤翔看到了明代开花炮弹的遗物，这才搞懂几百年前，明朝人不但早引进这技术，还完美地融会贯通了。

这拨云见日的场面，也令左宗棠十分心痛，在《左文襄公全集》里悲愤高呼：西方科技传进中国几百年，结果后人竟全忘光了，难怪欧洲小国靠几条船就能踩在咱头上。这番痛苦呼号，也成为洋务运动时代著名的宣言，一百多年来，十分振聋发聩。

但心痛的左宗棠假若再知道另一个真相，不知是否会被刺激到心碎：欧洲人能骑在咱头上，不只因为自清代以来国人一直败家，更因为人家一直积极向中国学习。那场自明末起的东西方交流风潮，西方人带来的新东西多，从明朝学走的文化却是更多，尤其是让近代国人自卑不已的科学。那些极度崇尚西方科技的仁人志士们，好多都极难想象，真正造就西方科技文明在近代质的飞跃的，也许正是咱明朝的老祖宗们。

只是那些曾被欧洲人热情追捧，甚至深度改写欧洲史的中国科技文明，多半都是被清朝人自己忘光的。

国人谁知“中国热”

说起明末那场东西交流风潮，近代国人常称为“西学东渐”。这个新名词是从日本传入，而后被广泛应用命名历史上的东西方交流事件。在那个中国已落后挨打很久，丧权辱国成习惯的年代里，这个新鲜词语，写照了当时东方“进步青年”们，对西方文化极度仰慕崇敬的心态。

但在西方自己的历史记录中，这场发端于明末的交流热潮，却还有一个高大上的名号：中国热。

如果说明末西方人带到东方的新文化，仿佛阵阵清新季风。那么大明王朝回馈给整个欧洲的，却是持续火热的风暴：随着东方商品的持续输入，外加各类传教士介绍中国的书籍在整个西方世界的热销，剧烈的中国风从此登上欧罗巴大陆，全欧洲近乎癫狂地卷入其中。

倘若穿越到17世纪至18世纪的欧洲，想找点中国元素，从宫廷到民间，都几乎是司空见惯的场景：宫廷宴会上最亮眼的，是王侯贵族身上华美的汉服；巴黎城里最拉动票房演出的名剧，是丰姿蹁跹的中国皮影戏；豪华干道上络绎不绝的，有装饰精美的中国轿子。那些上流交际场合里，达官贵人们最撑场面扮风雅的随身小物件，自然是中国扇子。而富家少爷、小姐花前月下的浪漫场所，则是中国风情的凉亭。至于精美绝伦的中国瓷器，更是从普通家庭到王族宫廷，受到千家万户热捧欢迎。

贵为国王的法国路易十四，更堪称其中的“脑残死忠”，平时“上班办公”，必穿中国汉服，王后也深受影响，大爱中国丝绸面料的鞋子，业余爱养中国金鱼。两口子爱到深切，还干脆闹出把大动静：在著名的凡尔赛宫里，新建了一所中国宫。这宫殿的整体建造完全是中式特色，宫里的砖砖瓦瓦，也全是厚重中国风。柱子上、瓷砖上满是中国图案，能放东西的地方全摆满了高档中国瓷器，还有精美中国丝绸织成的纱帐。放眼望去，扑面而来的是“洋土豪中国混搭风”。

国王如此，大家也有样学样。英国女王就不甘落后，照着作家笛福（写鲁滨逊的那位）的形容，女王不但最爱中式汉服，而且每当重大典礼活动，相关的房间更必须以中式风情来装饰。且比起路易十四的混搭来，英国女王却是个精细人，房屋的中国风情装饰，一板一眼都必须考究，细化到窗帘、屏风甚至桌椅、家具，都必须完全中国式。她的足迹到哪里，哪里就打扮成中国样式。

在国王们的带头下，贵族们的热情也高涨。当时欧洲上流社会贵族妇女闲聊，主要就攀比自家的中国珍品，连带着中国货的价格，也连年水涨船高。当时欧洲纺织画师的必修课，便是学中国图案，只要绘制得像，山寨版的丝绸货都能卖高价。

瓷器更了不得，在西班牙这类军事国家，通常都是打赏有功士兵的珍品。而在奴隶贸易发达的英国利物浦，中国瓷器更炒到天价。没事抱件青花瓷到奴隶市场走两步，换十七八个黑奴回来不成问题。

而且需要注意的是，上面这些情景，绝不是当时欧洲某一季或某几年的特殊风尚，而是绵延近二百年的火爆现象。从衣食住行到吃喝玩乐，从王公贵族到平民百姓，欧洲大地满是最炫的中国风。风靡欧洲两个世纪的中国热，在明亡清兴的年月，正是热得发烫。

而比起看似轻飘飘的流行风尚，中国文化对欧洲的影响与改造却更强力到震撼。

这其中知名度相对高的，便是来自大明的人文科学。这算是洋牧师们在中国传教的最大意外收获：本来只为了获得中国人好感，勉强捧起《四书》《五经》看两眼，以方便传教事业发展。孰料中国儒家文化的吸引力实在太强大，以至于这帮认不得几个中国字的传教士，竟都拿得起放不下，深深地陶醉于其中。不但废寝忘食地学习，更前仆后继地翻译：利玛窦将中国的《四书》译成了拉丁文，金尼阁将中国的《五经》也随后翻译完成，随后这股翻译热潮，更从中国本土传到了欧洲。大批传教士们呕心沥血，把中国儒家学说典籍，精心介绍给欧洲。

而这件事的后果，更像给整个欧洲大陆，投下一颗颗“重磅炸弹”，但凡有头脑的学者都给震得发晕，其后史不绝书，就是从17世纪至启蒙运动年代，欧洲的哲学家思想家们，对中国文化毫不吝惜地赞美。照着启蒙运动领袖伏尔泰的话说，中国文化便是一个“新的精神和物质的世界”。

正是以这个新世界为平台，欧洲人越发深切体会到了儒家文化的厚重积累。照着17世纪德国哲学家莱布尼兹的断言，儒家思想“远在希腊人的哲学很久很久以前”，而其中完善的思想体系和积极进取的精神，更是“竟使我们觉醒了”。儒家圣人孔子，也在大洋彼岸得到了极高的尊崇，以狄德罗的赞美说，“使世人获得对神最纯真的认识”。霍尔巴哈得到的结论更激奋：全欧洲的政府，都要以儒家思想立国的中国政府为模范。

在对儒家思想的震撼认识与猛醒后，一代代西方思想家幡然振作，把各类典籍如饥似渴地解读。清新的儒家思想，更成了西方启蒙运动的最强力助推，如伏尔泰等领袖人物更对此推崇不已。风云激荡的法国大革命里，更有这场思想革命的闪光印记：1789年《人权和公民权宣言》中的核心法律，正是孔子的名言：己所不欲，勿施于人。

来自大明的高科技

比起儒家思想对欧洲思想家的火热碰撞，中国自然科学的传入，知名度不算高，影响却同样持久绵长。

中国自然科学改写欧洲历史这事，在中世纪早期就发生过一次，即有名的三大发明西传。火药、指南针、印刷术三大科技，伴随着蒙古西征的脚步登陆欧洲，然后深度改变了全欧洲的社会形态。之后的骑士阶层瓦解，文艺复兴运动红红火火，大航海时代蓬勃展开，全是这三大科技带来的连锁反应。照着“英国现代实验科学真正始祖”弗兰西斯·培根的话说：历史上没有任何帝国，宗教或显赫人物能比这三大发明对人类的事物有更大的影响力。

而在培根的身后，一件同样有着大影响力的事情紧跟着发生了：晚明科技持续传入欧洲。

如果说三大发明的登陆，带来的是天翻地覆的巨变。那么这一次明朝各类科技的到来，效果却是潜移默化的改变。

与《四书》《五经》的引进翻译一样，这次扮演介绍人角色的，依然还是传教士们。

虽然这群人动机不同，水平眼光也有差异，但必须承认他们的一个优点，便是实在。特别是造访中国后，他们逐渐发现了一个事实：三大发明的源头就在这里。因而也奋笔疾书，写了不少论证此真相的资料笔记。比如门多萨的《大中华帝国史》里，有整一章的篇幅，来论证并赞美中国发明印刷术。就态度来说，真比后来的韩国人“靠谱”。

而与正本清源同时进行的，便是对明朝先进科学技术，几乎不遗余力地介绍。首先让欧洲人开眼的，便是大明的传统优势领域：农业生产。

西方传教士们对明朝农业极其称道的，除了辛勤的农民与广袤的天地，便是高精尖的农业科技了。很多传教士的日记里，都清晰记录了当时中国东南沿海发达的灌溉体系。利玛窦的日记里更清楚确认，当时中国南部大多数省份，已经普遍推广了三季稻，以至于中国的大米亩产“远比欧洲富裕得多”。中国农民的精耕技术，也令欧洲人惊叹。就连曾在中国因为走私而坐牢的海盗佩雷拉，都感慨回忆过中国农民精耕技术的细腻成熟。

比起稻种与技术，中国本土的农业设备，好些也更令欧洲人眼馋。西班牙人拉达曾不惜笔墨地形容过福建的水车，说这类水车比欧洲大得多，运转能力也强得多，就连山坡丘陵上的荒地都能浇灌得到。同时又介绍了一种大功率农具扬谷扇车，这种可借助风力脱谷壳的设备，使用极其便捷。

类似的介绍书籍流传到欧洲，引发了好多客户的兴趣。明末清初的时候，就有荷兰船员倒卖中国大型农具，转手就有暴利。而到了清朝年间，在中国的外国传教士们，也经常做这种倒卖生意。彼时在欧洲最受欢迎的设备，正是上面说到的扬谷扇车，这种新农具的普及，结束了欧洲农民之前只能人力扬谷的苦累生活。

这类明朝农业技术，也引发了中国热时代，欧洲知识界对中国农业的兴趣。特别是入清以后，每逢有重要外交活动时，欧洲人都格外精心策划，处心积虑搜集中国在种植与开垦方面的技术情报。但在鸦片战争前，由于清政府监管力度极大，这类学习工作，通常收获极小。

中国农业科学奇书——《农政全书》的降临，令欧洲人得偿所愿。这部由明代科学家徐光启主笔的巨著，却在清朝建国后的相当长时间里遭到禁毁，直到乾隆年间才得以完全见天日。而作者徐光启生前更万万想不到的是，这部凝结了他一生心血的巨作竟在欧洲格外受欢迎。

在集结了明末多名传教士回忆文字的18世纪欧洲畅销书《中华帝国全志》里，便有整一章的《农政全书》法文选译。这段《农政全书》里讲述养蚕技术的篇章，一下颠覆了欧洲人的蚕桑养殖理念，并很快被纷纷转载。俄罗斯叶卡捷琳娜沙皇时代，《中华帝国全志》得以转译成俄文版，但沙皇俄国只允许转译书中的前两章，相反其中的《农政全书》部分不但全数翻译，更重新配有清晰插图。

在以后的百年岁月里，这部五十万字的巨著，便由不同传教士们艰难地引进转译，并于1849年完全翻译成英文。书中陆续亮相的中国农业技术，不断催生着欧洲本土产业的进步。这本书在欧洲，也逐渐有了一个公认的称呼：农业百科全书。

而同样获得欧洲认同的，便是一门今天依然被国人反复苛责刁难的学科：中医。

欧洲人开始大规模介绍中医，是从明朝中期开始。早在嘉靖年间的时候，一些欧洲传教士，就记录了中国人用黄连治疗病症的情况，甚至说明了茶叶的清热疗效。后来中国茶叶火爆欧洲，正是从这类“广告”开始。

特别有趣的是，当西班牙拉达使团出使中国时，还机缘巧合得到了明代著名的针灸著作《徐氏针灸》。可是西班牙人知识水平太匮乏，哪怕脑洞大开，也终究没看懂这书讲的是啥。以至于门多萨在以这次出使为蓝本，撰写《大中华帝国志》时，说到中国的医学，依旧一头雾水，只能草草介绍几种草药了事。

一直到精通汉学的利玛窦出手，欧洲人才算开始明白中医。利玛窦不但详细介绍了中医的治疗方式，更细致讲述了中医考核医生和传授医术的方法。在他的影响下，越来越多的西方人对这学科发生了兴趣。法国人哈尔文于南明永历年间，正式成功翻译了《中医秘典》，并在巴黎出版，很快火爆一时。这是全世界第一本介绍中医的欧洲读物。

自此以后，越来越多的中医典籍，相继译出了外文版本。一开始还是明代同期的医书，后来许多中医先贤名家的典籍，也陆续介绍到了欧洲。其中最有名的，便是晋朝王叔和的《脉经》，甚至还引发了版权纠纷：此书本来由波兰人卜勒格翻译，却被荷兰医生可来耶剽窃，不但以个人名义明目张胆地出版，还配了新式插图。但这种无耻做法，倒也带来一个积极后果：中医的经脉学在欧洲迅速流传。

而随着大批中医典籍的翻译，中医的治疗方法，也在欧洲名气越发大，连道家的养生技法，也在欧洲流传起来，并被称为“CONG-FOU”。“功夫”一词便是从此传开。同时流传欧洲的，还有中医的种痘防治天花法。英国驻土耳其大使馆首先采取了此法，后来在全欧洲推广开来。以伏尔泰的话说，这是一个“伟大的先例”。

而相比于这一时期，中国在天文、数学等领域的落后，以及对于西方先进科学曾经全方位的学习，中国在另一个领域的先进技术更强烈地影响了西方社会：手工业。

首先一直被赞美的，便是外国人眼中的明朝产业工人们。以传教士科鲁兹的话说：明代中国南方城市的工匠们，技术特别精湛，到了巧夺天工的地步。纺织工人的技术，最令当时传教士们称道，当时中国丝绸的精致与细密，是欧洲丝绸难以做到的。而18世纪法国经济的起飞，也因为一样与中国丝绸有关的本事：强大的“山寨”能力。擅长学习的法国丝绣，能够准确描摹中国丝绸的图案，因而出现仿真版中国丝绸，照样可以卖个性价比高的好价钱。

而在西方人引以为豪的造船和军火制造领域，明朝带来的影响同样极大。后人常津津乐道明朝军工对西方火炮的改装，事实上欧洲对明朝火炮的学习同样执着。西班牙菲利普国王时代，欧洲来的传教士们，就曾用各种渠道，大量绘制明朝海岸火炮的图纸。以曾德昭《大中国志》里的话说：这些炮比我们造得更好，更有威力。

西方人仿造学习更多的，则是明朝的造船术。早在明朝正统年间，意大利人尼格罗康的游记里，就曾展示过明朝造船的独门绝技：横隔舱技术。而随着东方航路的开辟，学习明朝的造船术，也成了西方殖民者的重点工作。中国先进的船体构造技术，对后来的西方造船技术影响颇多。从万历晚期起，随着西班牙菲律宾总督府的成立，不惜血本仿造中国船只，更成为一度的热潮。

在中国船流行的同时，中国特有的加帆独轮车，也成了欧洲社会的热宠。这种诞生于5世纪的交通工具，发展到明代，已进步到十分轻便迅捷。欧洲传教士经常惊叹中国农民似操纵帆船一样快速操纵小车，以门多萨的话说，这真是“一个伟大的发明”。

对这伟大的发明，欧洲人也十分追捧。从16世纪晚期起，这种小车就传入了欧洲，并用于物资运输中。直到18世纪晚期拿破仑战争时，改装的高速风帆运输车，依然是输送军用给养的重要装备。从万历晚期起，欧洲上流社会还流行飙车游戏：把中国风帆小车改装成高速风帆马车，并有各种赛车比赛，场景十分火爆。荷兰人开发出的“中国式扬帆马车”，最高时速可达40英里。这是汽车发明以前，欧洲陆地器械的最高时速纪录。

而在手工业著作方面，一直在西方享有盛名的，便是明代宋应星的科学宝典《天工开物》，尽管比起《农政全书》来，《天工开物》介绍到西方的时间要晚得多，内容也同样有限。直到19世纪早期，法国人儒莲才将其部分翻译。但书中所记录的明代制墨、制铜、造纸等技术，依然远高于这时期的欧洲。因为这部简装版一出，轰动效应十分大，很快被转译成英、德、意、俄等国文字。然而当欧洲人用火炮打开中国大门后，看到的清代手工业，却是另一种酸楚的情景。因而这部19世纪中叶得以完整翻译的奇书也就有了一个令人唏嘘的译名：《中华帝国工业今昔》。

“史上最好”的国家福利

明朝晚期一个出名的毛病，正是“民富国穷”。

有名的是“民富”，套传教士利玛窦的赞叹说，就是“远比欧洲富裕得多”。照明朝文臣的记录，京城开门头房卖调料的，都是身家千万的富豪。外商也争先恐后砸钱扫货，比现在中国人出国买马桶盖还疯狂。仅西班牙一国，每年砸进来的银元就有数百万。欧洲因此对明朝有个形象称号：银泵。

可比“民富”更有名的，却是“国穷”。万历皇帝亲政起，财政收入就缩水，以至历代皇帝开矿税增三饷，狠刮却赶不上猛花。刮到崇祯帝上吊煤山，大明王朝彻底坍塌。

怎会有这“奇葩”景象？公平说是历史问题。明朝商品经济发展速度，早已脱节政治体制，从管理到法律满是漏洞，挖国家墙角很轻松，其中挖得尤其狠的，比如东林党，长期官商勾结捞利益。等国家财政亏成窟窿，再叫苦让农民加税买单，买得苦农民们扯旗造反。这恶性循环，崇祯皇帝到北京沦陷才明白，上吊前悲愤高呼：文官皆可杀！

但就是这毛病里，被后世许多史家长期无视的，还有另一个惊人的真相：一直穷困且用钱抠门的晚明政府，却也有穷大方的一面。民生福利的开支上，最穷的年月，也舍得花钱。

这个令历代皇帝穷大方的社会福利，曾是大明自建国开始，历代呕心沥血维护，堪称人类古代史上最优厚的福利保障体制。

也正是透过这个福利保障体制的盛衰，或可看到大明王朝兴亡的缘由。

朱元璋是个起步价

大明王朝的社会福利保障体制，缔造者正是明太祖朱元璋。

杀伐果决无情的朱元璋，在民生问题上，始终是柔情温馨的一面：只要得知百姓的贫穷境况，哪怕当着群臣，也常忍不住唏嘘垂泪。草民的艰辛，一生感同身受。

动完感情，朱元璋就行动。其中一大成果，便是全民福利。以学者敖英的总结，有三大成就：收容孤老和残障人士的养济院，提供医疗服的惠民药局，免费公墓漏泽园。套今天的俗话，是让中国人老得起，病得起，死得起。放在古代社会，更是了不起的创举。

为了监督执行，朱元璋还祭出传统法宝：全国撒网似的暗访，但凡有困难户没得到救助，地方官啥都别说，先六十大板招呼。砸钱更生猛。现存于各地的明代养济院遗址，都有秀丽的绿化与清澈的井水，堪称高档舒适“楼盘”。经济补贴也大方：成年人每月三斗米、三十斤柴，还有冬夏布匹三丈，管保够吃够穿。这个标准写入了《大明律》，历代皇帝都认真执行。

而堪与这三大福利比肩的另一个贡献，便是养老。洪武二十年，大明颁布终身养老令：八十岁以上老人每月给五斗米、三斤酒和五斤肉，九十岁以上的老人更加给一匹帛和十斤絮。全民养老，大明开创。

就连朱元璋一向最严格的领域——法律，对老人也格外宽容。名臣韩宜可记录，安徽官学有老汉“碰瓷”诈骗，本该杖责流放。但念其年过七十，还是放回交家属看管。江南的年轻人殴伤他人，本该充军服刑，可老母年过七十无人照料，于是也法外开恩，改在家乡劳改。家有一老如有一宝，放在明代，是实实在在的真理。

朱元璋这几样大刀阔斧的福利，放在整个中国古代史上，都堪称力度空前。可跟他另一样福利举措比，却又清一色的“小儿科”：救灾。这事在明初，是官员绝不能犯错的“高压线”。湖北水灾时，户部主事赵乾拖沓半年才跑到灾区。朱元璋二话不说，将这货立刻判斩。这位玩忽职守的庸官，成了中国古代史上第一个因救灾不力被杀头的倒霉蛋。

杀官这种血腥事，对一生强硬铁血的朱元璋来说，只是小意思。他一直努力解决的，却是一个大挑战：古代信息交通科技严重落后，想要救灾提速，就该大胆创新，建立高效预警体制。

所以朱元璋的另一个举措，竟是放权。在官员战战兢兢恨不得啥事都早请示的朱元璋时代，有一件事却可以自作主张：救灾。倘若灾情紧急，地方官可以不经请示，先期开仓赈济。戏台上的“先斩后奏”，多是历史票友瞎掰。但“先赈后奏”，却是朱元璋拍板的特殊规矩。

而朱元璋敢这么做，关键还是底气足，大明每年税粮收入高达三千二百万石，堪称自唐朝两税法实行以来，中国历史的新高。无论搞福利还是发赈济，大明都办得起！

尤其撑起他底气的，便是新生的救灾预警仓库：预备仓。

预备仓，是明朝专用于救灾放粮的专用仓库。具体运作是，由国家先期投入二百万纸钞购粮，在全国各县兴建。而后这些仓库由官府监督，士绅具体负责维护。有了这好创举，快速救灾就变得方便容易。

更加方便容易的是，养济院等福利机构，也就有了最可靠的依托。手里有了粮的大明王朝，运转起这个优厚完备的福利体制，从此心里不慌。

而亲手造就这个福利体制的朱元璋，即使到临终时刻，依然对民生念念不忘。遗嘱里反复叮咛的，就是自己的丧事要从简，更不要影响民间的婚丧嫁娶。但牵挂民生的朱元璋，万万没想到的是，他苦心营造的福利体制，好些还是注了水。就以养济院来说，他过世没一年，许多地方就奏报，好些都塌了。

这倒不是官员故意的，而是他心情急迫，在考核严格下，逼得地方官们为求自保，玩命赶速度，只求先糊弄了事。当时在位的新皇帝建文帝朱允炆也很无奈，只能下诏不追究。

一心励精图治的朱元璋，固然拼尽全力。但好些真实业绩，对比他伟大的理想，却只还是起步价。全民福利？后续的皇帝依然在路上。

皇帝各个有高招

燕王朱棣造反成功，把侄儿建文帝撵下龙位，登基加冕为永乐皇帝。而后他以优秀的表现证明，他继承的不只是江山，更是朱元璋未曾做完的福利。

朱棣登基后的一件重要事就是给老爹“抽水”。永乐三年起，国家拨出巨款，全国检查翻修养济院。历经七年艰苦劳动，终于全数整改完成。到永乐十年四月，全国各县都有了焕然一新的高档养济院。这件朱元璋忙活了一辈子的创举，从此成了实实在在的真福利。同时又大力整顿预备仓，原先各地设于郊外的仓库，全数搬进县城，以求方便管理。

民生补贴方面，朱棣同样大方，还有额外福利：永乐元年起，大规模给山东、河南、北平、陕西四地农民发耕牛。由地方政府采购，然后无偿发给农户。有官员叫苦说，这次动静闹太大，四里八乡的牛全买光，拿钱都买不够。朱棣二话不说，立刻从自己嫡系军队里调拨，拉出一堆军用牛马补足缺额。

而在军用转民用的意识上，朱棣也十分开明。好些生产武器的作坊，大力加班加点，转型生产农具，然后无偿派发给百姓。各种以军用技术改装和冶炼的新型农具，更是琳琅满目。后世一些农业学家也认定，这次农具大派送，是明代北方农业生产技术的一次大升级。

这个创举的回报，也十分丰厚。永乐时代明朝的年均税粮收入，强势超越刚创记录的朱元璋，达到三千二百三十万石。当时各地的官仓、民仓，储备到了“红腐不可食”的地步。永乐年间的各样伟业，从七下西洋到万国来朝的荣光，依靠高福利换来的强大国力，才是根本。

历代帝王重视高福利，原因也正在这。高福利既是社会稳定的基石，更是抗风险的“防火墙”。典型的例子，便是明英宗耻辱被俘的土木堡之变后，随之而来的北京保卫战。大明子民捐钱捐物，齐心协力投身抗战。瓦剌骑兵杀气腾腾到来，看到的正是这铁血不屈的民众。甚至在明军一度不支的情景下，百姓竟冲上城头，以砖块石头做武器，与敌人浴血奋战。如此情状，与崇祯年间北方军民面对后金铁骑仓皇逃窜的惨景比，差距何其大。大明的高福利，换来的正是钢铁般的凝聚力。

尝到高福利甜头的明朝皇帝们，在这事的执行上，创意也常别致：宣德年间，江南巡抚周忱首创济农仓。这种以漕运余粮为储备的新仓库，常给工商业提供贷款。既惠顾民生，收益也丰厚。一向拖欠朝廷赋税的江南，二十年间因此还清旧账。正统至景泰年间北方抗击瓦剌的战斗，正是由济农仓提供的钱粮保证。

无奈好景不长，随着周忱“下课”，新巡抚鼠目寸光，更为了邀宠，把济农仓的钱粮全数拉进了京城。这个新仓储从此被废，江南地区的欠税从此堆积如山。

但在福利政策的执行上，历代皇帝都认真。养济院的规模，从永乐到万历年间，一直不停扩建。明英宗复辟后的第一件事，就是在大兴和宛平加修养济院。到了明孝宗“弘治中兴”时，连全国各地的军事卫所都盖好了养济院，嘉靖皇帝登基后，仅北京周边，就加修了五所。待遇也升级，除了发钱粮外还加餐管饭。

现有养济院的规模，也在不停地扩建。到万历年间，许多养济院的阵仗，已庞大到恐怖。就以宛平县养济院来说，经过一百多年的改造，万历年间已经收容了两千多人。而且扩充后的养济院，职责也更多，还抢惠民药局的“生意”，常招募医生定期坐堂免费诊病，遇到瘟疫灾害，更要施医布药。可谓大明朝的全能慈善中心。

而在大明早已成定制的养老福利上，明英宗也更大方，复辟后的另一个创举，就是颁布优老之礼。这福利比朱元璋还大方：老人享受国家钱粮补贴的年龄限制，放宽到了七十岁，给肉加到十斤。九十岁以上的，不但补贴加倍，而且每年还享受一次政府盛宴款待。这就是更完善的大明式养老，不仅是惠泽老人，更要生活质量好。

虽说皇帝们如此拼，但一个越发严峻的现实，自明中期起还是不可避免：维持现有的福利体制，已经越来越难。原因更很现实：缺钱。

福利缺钱怎么办

发福利一直大方的大明朝，为啥会缺钱?

首先还是体制问题。大明的福利保障，植根于朱元璋的高度集中经济体制。田赋的稳定收益，才是大明式福利的源头。可自从明朝中期起，土地兼并越发严重，商品经济日益繁荣，看上去很美的福利保障，也就无情地断了奶。

首先出问题的，便是曾经储备丰厚的预备仓。

预备仓最早出的问题，是管理混乱。预备仓的日常维护主要靠官府监督，士绅执行，可发展下去，便是相互踢皮球。早在宣德年间，白花花的粮食活活烂在预备仓里没人问，便是常见的事。

到成化年间更恶劣，被官府与乡绅富户勾结贪占。放粮的时候以次充好掺沙子，甚至偷偷把粮食拉出去倒卖谋暴利分钱。原本抚恤民生的好仓库，成了贪官分赃的地方，闹得民不聊生的惨状，史料上记录不少。

意识到问题的明朝政府，开始重拳严打。正德年间更强力整顿，改成地方官员直接管。且预备仓的储粮与地方官考核挂钩。嘉靖年间的政令尤其严格：地方官三年任满考核，只要预备仓储量不达标，立刻送司法机关法办。

这番严打的早期成果还算丰硕，好些仓库重新满当当。可惜好景不长。预备仓的粮食来源主要有四：纸钞收购，富户捐献，官田税收，罪犯交钱。但到了明朝中后期，纸币早已贬成废纸，官田兼并得剩不下几亩，明孝宗重修《大明律》后，交钱赎罪更少见，只靠民间捐献，只能杯水车薪。

那么问题来了，好些官员累死累活，挖空心思还是攒不下几颗粮。平日官场里说起预备仓，都像见了阎王。先前的民不聊生，变成了官不聊生。个别不要脸的地方官，更反过来找富户摊派，照大臣赵麟的揭发，有些原本富裕的地主，都被逼得卖儿卖女，只求凑齐粮食换太平。

情况如此严峻，明王朝也只好顺水推舟，仓储考核的标准，连年一降再降。发展到万历年间，各地原本存储上万石的预备仓，最多也就存几百石粮。好多竟都荒废成破屋。这个曾惠泽千百万苍生的善政，至此名存实亡。

预备仓的衰落从经济原因说，也和当时的发展一脉相承。万历年间全面推行一条鞭法，赋税彻底改用银钱，存粮也就不易。但从根子上说还是大明政府太差钱。

但它的荒废，后果却十分严重。直接的影响，就是相关的福利政策从经济上都断了依靠。想要维持运转，就要另想办法“造血”。

最仗义的办法，就是皇帝自掏腰包买单。这事自成化年间起，历代明朝皇帝都不少办，办得最仗义的，当属成化皇帝朱见深。仅成化二十一年，明朝就一次性拨款二十五万两白银，用以赈济山东、陕西、河南三省灾民，全是从朱见深的私人府库“内帑”里拨出。类似的仗义疏财，他在位二十三年不少办。以至于骂他最多的《罪惟录》，也承认那时老百姓的生活“幸斯小康”。

但朱见深敢这么干，关键还是有钱。当时虽说农业税锐减，朱见深本人也长期歇班不上朝，但他极会用人，地方的商税改革也成功，外加皇庄经营得好，于是皇帝的私人腰包就鼓。但这事的成本太过巨大，哪怕最热情的朱见深，干多了也撑不住。于是又发展了另一招数：卖官鬻爵。

其实这事从明初的时候，一直就不少办。特别是富民给预备仓捐粮，往往能隆重表彰。到了朱见深手里，更花样百出：国子监监生资格，捐一百石米就换；交二百五十石米，更能换正九品散官，从正九品到正七品，相关职务明码标价，加五十石米就升两级。湖广荆襄地区暴乱后的重建垦荒，就是这样凑齐钱粮的。

自此以后，卖官换福利的法子，几代皇帝都在用。但发展到后来，价码却一路下跌。连寺庙里僧道的文牒都拿出来卖，最热闹的时候，好些州县卖得和尚扎堆。到了嘉靖年间，二十石米就能通报表扬，再加点就能换七品官。朝廷太差钱，大家多少捐点吧。

捐钱不靠谱，还是提升自家盈利能力是真。等着大明经过隆万大改革，特别是张居正辅政的黄金十年，腰包一度重新鼓起来。办福利的底气，也曾经特别足。

直接的成果，就大明隆庆年间就可以看出。《五行志》里统计，隆庆帝朱载垕在位只有六年，运气却极差，碰上的大小灾害有十六次。但仅有两次造成了饥歉。这比例多不容易。朱元璋在位三十年，期间玩命地惩贪砸钱，遇到四十六次自然灾害，还是有十一次闹出饥歉。号称盛世的仁宣之治，十七次自然灾害，更闹出了八次饥歉。效果如此好，关键还是有钱。

重新有钱的明朝，发福利的办法也多样。赈灾的主要模式，也由拨粮变砸钱。拨款方式也更科学，嘉靖年间形成的固定流程，灾区赈济款主要分两笔：先期的救济银和灾后的重建银。钱款的各类用途，也都有了精细的核算。拜明朝发达的商品经济所赐，这时花钱买粮的效率，远比费劲调粮要高。

另一种越发流行的福利，也越发运作成熟：以工代赈。这事干得漂亮的还属明孝宗朱祐樘。弘治年间两次黄河大水，明王朝先后调拨二十五万人投入救灾，成功完成黄河河流改道工程，挽救了濒临断流的京杭大运河，更由此稳住了灾区民生，堪称古代史以工代赈的大规模奇迹。

而发展到万历年间，这事也变得丰富多样。潘季驯治理黄河，正是以工代赈的又一成功典范。而到了万历中后期，一批基层能臣，更攒了丰富经验。照着《康济录》的说法，每当有地方闹灾，官员就先忙着筹算，从修城到浚河筑坝，能吸纳劳动力的工种，全都开列一遍。不但要保证壮劳力安置，更要兼顾老弱有岗位。一切安排妥当，便火速筹款开工，以热火朝天的工作场面，杜绝流离失所的悲惨。

万历年间，万历皇帝朱翊钧常年歇班不上朝，京城大臣忙着掐架，自然灾害更从头到尾没断，但民生却能长期稳定。基层以工代赈的模式，当属大功一件。而总被骂做懒的万历皇帝，在这件事上出手也大气。仅万历十九年的河南水灾，灾区得到的赈济除了粮食和一千二百间新建民房外，更有五百头耕牛和八百辆纺车。派发生产资料的觉悟，他丝毫不比朱棣低。

也正是由于明王朝从隆庆至万历中期，长达二十多年的强力投入，大明王朝的福利体系，一度也运转到最高速。商品经济的繁荣，使政府只要白银充足，救灾就高效率。而至于养济院等福利机构建设，也同样因为投资到位，大型养济院一度发展到可容数千人规模。同时从隆庆年间高拱当政起，明朝再度强力反贪，养济院的弊病也逐一革除。官吏勾结贪墨的恶行遭到严惩，大批冒名顶替混入养济院的无赖骗子也被清退。这个再度以高额投入重新升级的福利机构，不仅再度生机焕发，更出现了“有令倡行，有律护佑”的盛景。

可惜好景不长，随着万历皇帝亲政后，大明财政税收越发减少，福利制度的运转，也再度跟不上。比如最拿手的以工代赈，到万历后期，大多只能小打小闹。连黄河三年一小修的固定工程，都大多难以维持。以《烈皇小识》的说法，河床的泥沙都长期淤积。至于曾经辉煌的养济院，从万历后期起，北方好些州县的养济院都坍塌或难以维持，收留的孤残只能安置别处，草草提供口粮了事。

大明政府福利减少，但对于晚明好些地方的民众来说，这事似乎不严重。因为正如晚明民富国穷的情景，此时取而代之的，还有蒸蒸日上的民间福利。

民间福利，预埋明亡

正如晚明“民富国穷”的奇葩景象，当大明政府福利运转困难时，民间福利却崭露头角，甚至喧宾夺主。

首先成为黑马的，是原本一直做预备仓补充的民间仓储：社仓。

社仓，是中国民间百姓一种仓储备荒的形式，雏形产生于隋代，制度由南宋朱熹首创，在明朝最早以法律形式出现，是在明英宗天顺年间。嘉靖年间预备仓荒废，可国家还需要存粮，于是从嘉靖八年起，开始全国推广办社仓。

社仓的组织形式是这样：三十家组成一会，找个最有钱的做会首。然后大家按家庭条件分摊，有钱的出四斗粮食，中等的出两斗，没钱的出一斗，就这样凑一仓粮食，统称“社仓”。

遇到饥荒灾害，有钱人可以在社仓借粮，丰收年再还，穷苦家庭则可无偿借贷。这种民间自办的救助模式，从嘉靖年间起，仿佛脱颖而出的黑马，一直发挥大作用。

对这民间福利，大明政府也极满意：民间相互帮助，省了国家赈济开支，可谓一举多得。虽然也不断有官员忧虑，要求朝廷更多介入监管，却终究占不得主流。

而随着时间的推移，这新型福利的严重后果，也终于日益显露：背后操纵社仓的，是当地的宗族士绅。政府的监督越发难以介入，而新生的社仓，更仿佛一个个线头，黏住了地方宗族力量，从此团结抗税甚至偷税漏税，也都更加从容。万历后期起的税收锐减现象，这便是暗流。

更严重的一个后果是，社仓固然能加强地方抗灾能力，但地区经济不平衡，抗风险能力也不平衡。像江南地区经济红火，社仓储备也雄厚。但放在西北穷苦地区，情况却恰相反，好些社仓更形同虚设。平日尚且凑合，遇到大灾就难过。后来晚明经济不平衡的状况，东南与西北民生冰火两重天的景象，社仓的差距就是缩影。

而与社仓同时冒头的，更有风风火火的民间慈善组织。这其中尤其出名的，就是江南同善会。

江南经济发达，富人尤其多。明代以来的爱心模范一直不少，伴随着同善会的出现，更成了大规模。成员里不但有富可敌国的“土豪”，更有清名在外的学术名流，甚至还有一文不名的草根百姓。这些爱心人士的善举，更多得不胜枚举：日常资助贫困学生，表彰奖赏贞洁烈妇，都是家产便饭。遇到灾害就施衣布药，开铺施粥赈粮，更是司空见惯。多年坚持行善，威望蒸蒸日上。

而比起晚明腐败的官场来，这群人的做事，却十分透明：定期都要集会，除了宣讲与募捐外，便是公布前期账目，每一笔钱款的用途，都有明确记录，保证不乱花一分钱。而后还有组织者精彩的演讲，号召大家要热心行善，场面每次都很激动人心。

特别奇特的，更是这群爱心人士的准入标准。想成为其中一员，绝非有钱这样简单。更要经过组织严格审核，充分考察入会者的思想品德甚至政治立场。日常活动也很丰富，常有各类雅集，席间讨论最多的，更是时政话题。

这组织的发展，更是极为迅猛。准入审核如此严格，人数还是高速膨胀，无锡的同善会有一百多人，嘉善同善会更有数百人。但只消看看这组织的领头人，便知道其爱心行动，其实极不单纯：无锡同善会的创始人，正是东林党大名鼎鼎的元老高攀龙。

再看看同善会的关系网，更可知其实力强大到恐怖：既有陈幼学这样的东林骨干，更有张采这样的地方官（太仓知州）兼复社领袖。麾下的爱心人士们，明亡清兴时的命运也五花八门。特别奇葩的，比如嘉善同善会的主要人物魏学濂，崇祯年间曾写血书表忠心，并得崇祯皇帝照顾，死于魏忠贤迫害的父兄都得以抚恤。但后来北京沦陷，崇祯帝殉难的尸骨未寒，他就迫不及待，抢着卖身投靠李自成，得封了个芝麻小官，便骑着毛驴在京城“得瑟”。

同样通过这些角色和活动，便可轻易看到这爱心组织的终极目标：党争。这个由东林党骨干创立，标榜慈善的组织，真正谋求的，却正是党争的权力。所谓的爱心活动，多是收买人心的方式。明亡于党争的道理上，这是催化剂。

而就实际的贡献说，在爱心活动上，东林党下了大本钱，几十年如一日实实在在地做事。可比起小恩小惠来，也是同样的一群人，在事关明王朝生死存亡的财政改革问题上抱团捣乱，才最终将明王朝推向了无可挽救的困局中。而他们真正投入福利事业的钱款，相当一部分，还是江南百姓的捐献，绝大多数，却正是东林党多年官商勾结挖大明墙角所得，回报给大明百姓的，也不过九牛一毛。

但一个客观的事实，却是晚明社会崩溃的图景下，江南极其发达舒适的社会福利。富庶的江南地区，有常平仓的调剂运作，福利经费从来不缺，养济院等福利机构，对比北方的残破，当地却是经费充足。不但钱粮优厚，热烈欢迎孤寡残障人士入住，就连健康的流民，也真诚接济。不但给钱给粮，有劳动能力的还赠送土地耕牛。这些福利经费，相当多一部分，也都来自江南富户士绅的捐献。当然这钱不白捐，声望捐完了就看涨，对抗朝廷的征税摊派，也就更加底气足。挖大明的墙角，也就更加大胆。

而这样舒适的江南，在晚明的苦难动荡中，除了政治人物们组团捣乱吆喝，民生经济，从来都是关门过日子，却极少想着为多难的王朝承担职责。从官到民，都是清一色相同的心态：过好小日子要紧，北方大乱与我何干。朝廷没钱凭什么让我交？有的是北方农民买单！

于是悲情的恶性循环，再也无法阻止。看似民富的图景下，明王朝最大的政治隐患，其实早早种下：预备仓的废除，使明朝丧失了粮食储备预警的最好手段。社仓的红火，可以稳定富庶地方，却无力整合资源实现大规模赈济。江南的红火繁荣，却与整个帝国的财政体制彻底脱节。朱元璋精心设计的福利制度到万历后期就已近乎塌陷。伴随着西北民变的爆发，大明王朝，更仿佛失重一般悲情地碎裂。

等到明亡清兴的大局尘埃落定，伴随着清王朝在“永不加赋”的承诺下，近乎残暴苛刻的征税手段，外加从入关开始，东南近四十年迁界禁海的悲情血泪，老一辈的遗民们，总算开始想到明朝的好。即使在严苛的文字狱下，依然有很多人，用诗歌或文集的方式，写下对昔日明朝富庶繁荣的怀念。即使是被文臣史官，狂喷得唾沫星子横飞的万历、天启，他们留在明末清初老一辈百姓心中的，依然是个行政宽容，经济富庶安定的世界。以顺治年间老学者陆应旸的话说，便是“至今父老说到那时节，好不感叹思慕”。

国难中的大明精英

和平年代刚正清流现形记

传说中很美的复社

在凄风苦雨的晚明崇祯末世里，如果想在群魔乱舞的上流社会，找出个代表光明正义的团体组织来，那么后世津津乐道极多的，正是江南复社。

复社，最初是江南名士张溥和张采，于崇祯二年在吴江成立的文社。自那以后，那个标榜文学的社团，就似平地里一声春雷，影响力达到惊天动地。平日里相轻的各路社团，心甘情愿挤破头皮来合并，还有大批精英名流，削尖了脑袋也要在里面谋个席位。到三年以后的虎丘大会上，与会者就有了数千人规模。以明朝学者陆世仪的记录，当时的各路来宾，来自从山东到南方的各省份，乘坐的各式华贵大船，几乎把姑苏的河道堵满。会议现场更一片人山人海，连大雄宝殿都坐不下，有空隙的地方，全叫这群服装华丽的精英人物们挤得满当当。大明士大夫阶层里平日藏卧的龙与虎，几乎全在这场合凑齐。

而如此震撼的场面，却只是这个社团辉煌的起点。之后的整个崇祯年间，这个社团的规模与影响，似一只疯狂上扬的“股票”，不断突破历史新高。以《复社姓氏录》的记载，社团里有名望的士大夫人数，就有两千零二十五人，算上死忠的“粉丝”，总数更有数万人。以至于社团名流吴应箕家的后人，在清代撰写回忆录的时候也自豪地说：三百年里，从没有一家社团像我们这样。

而且更让后世无数文学社团汗颜的是，这复社不单有数量，更讲质量。其成员群英荟萃，学术业绩更灿烂辉煌。以其名字说，“复社”顾名思义，就是兴复古学，也就是钻研八股学问。这研究他们做得相当好，崇祯年间涌现出登榜进士若干，前几名的更有好几位。而且还很讲全面发展，诗词歌赋样样都强，杰出的“四公子”，文学成就领一代新风，张岱等人的小品文，影响更十分深远。科学业绩竟也拔尖，其成员与西方传教士关系要好，热情高涨地翻译外国著作，还有再创造总结发明。典型人物方以智，代表著作《物理小识》，虽被清代人“选择性失明”，却漂洋过海，尤其在邻国日本极受崇拜，今天还有粉丝无数。

这般如数家珍的业绩，也令复社的名声高涨，几乎成了崇祯年代黑暗岁月里的最后一抹亮色。就连其中几位才子人物的爱情，都与著名的秦淮八艳，碰撞出无数香艳的交集，还被写进了《桃花扇》等名戏，一代代流传不已。

从两个文人的结社，短短几年就发展到如此宏大规模，复社的崛起堪称晚明文坛最励志的“创业奇迹”。后世的诸多文人雅士也一致认定：这个组织的杰出精英们，以勇于挑战黑暗的勇气与光辉崇高的理想，迅速召唤起大明王朝民间正义的力量。尽管未能挽救大明的衰亡，却以高贵的精神品质光耀千秋，更缔造了大明文化的最后绝唱。

但若透过辉煌仔细观瞧，却不难得出另一个触目惊心的真相：美得激动人心的复社，却是大明病老躯体上一块触目惊心的疮，看似艳若桃李，实则流毒聚集。他们在历史风口浪尖上的挺身而出，却恰是大明灭亡的加速器。

戳开画皮的复社

复社的真面目，瞧瞧这“创业奇迹”就知道。

为什么自从这个社团诞生第一天起，各路的名流学子，就像着了魔般崇拜，不惜千山万水地跑来加入，更有诸多老牌文社，狠心砸碎自家招牌哭喊求兼并。那些普通成员们，更热情澎湃到疯狂，各种集会活动里人头攒动，组织者振臂一呼，立刻就是山呼海啸般阵仗。哪怕最臭名昭著的恶性传销，跟这一比简直“弱爆”。

照着复社精英后人们的说法，如此热火朝天，正因伟大理想的感召。但仔细看看，他们的理想，伟大得好似一张画得逼真的大饼，大饼上面看似摆满了美味佳肴，可那些实打实的真利益，才是注入狂热的兴奋剂。

首先是复社那传说中很热血的“创业”理想，以创始人张溥亲自标榜的话来说：兴复古学，将使异日者务为有用。也就是弘扬传统文化，提高学子们的实际能力，让他们将来为官可以大展宏图。这重量级的金字招牌十分堂皇闪耀。

但真正充满诱惑的，却是这理想背后的潜台词：加入我们组织，保你金榜题名，管你官运亨通。

这话复社虽没明说，却极具实际效果：凡是加入了这团体的，从名门子弟到“穷草根”，不出几年就金榜题名，大摇大摆光宗耀祖。现身说法的效应，一直十分轰动。

更抓住莘莘学子心头痒痒肉的，是这团体里丰富多彩的生活：说是研究学问，组织学习，其实却每天吃喝玩乐，雅集诗会不断，且全有豪气金主大把买单。有时候还跨省出游，一路风光招摇，走一路白吃白喝一路。虽然在晚明士林界，玩乐并不稀奇，但玩出复社这档次的，却是格外吸引眼球。不但吃喝玩乐样样讲究精美，喝茶、品酒、跳舞全升华成“高大上”学问，个别品味独特的，连娈童、“断背”都能玩出文艺范儿。至于游走青楼，万花丛中享受人生，更是家常便饭。而且就这么轻轻松松耍乐，到点即能轻松登榜，比起好些人寒窗多年一场空，真个叫随随便便成功。如此重量级招生效应，自然引得学子趋之若鹜。

等着真加入进来，更知道这入社的好处，绝对富贵逼人：复社不但有档次规格，更有强硬背景。比如创始人张溥，那是晚明有名的士林领袖，随便在官方场合招摇一下，立刻有官员恭恭敬敬上来认老师。撑起社团的骨干们，更叫名流云集，既有江南当地的各类世家大族，更不乏声名显赫的名臣子弟。比如隆庆年间名臣徐阶的孙子徐孚远，就是其中骨干。更有好些东林大佬的子弟，比如侯方域和方以智，就是根正苗红的东林二代。这样一批核心人物，要钱有人争着给砸，要人脉随手一抓一把，要根基更扎得牢靠。所有成功条件全占尽，办复社想不成功都难。成了他们羽翼下的一份子，未来宦海生涯，横着走都没人挡。

而且复社这棵大树，不但根基牢靠，还喜欢开枝散叶。虽然成员里的寒门子弟，大多入不了核心组织，但只要你老实听话，科举自然有人关照，还能免费给你出书，帮你考试的时候“刷”够声望。升官发财的每一步，攀攀关系就能找人给你关照。就连慈善活动，他们也办得热闹。经常拉来“金主”闹募捐，专业收买人心好多年。只要跟这团体沾点边，单行善积德的功劳，就管保名声刷刷涨。

总的说来，读书人入了复社，那就学习有人教，考试有人保，声望有人捧，用钱有人送。外加觥筹交错宴会不断，名利场上五彩缤纷，喝酒混事都保证涨名望，轻轻松松就落个风流名士雅号。如此组织，堪称天下读书人的幸福乐园。

但也正应了一句老话：天下没有白吃的午餐。复社这样强大的投入，目标也只有一件事：收炮灰。

因为复社的主营业务，既不是文学更不是宗教，却是实打实的政治。诚如其出名的雅号“小东林”，要的就是政治战斗力。

但真正的问题也就在这，这群出身豪门富贵，心比天高的青年士子们，看世界总觉得轻松，满以为天下尽在自己手。看那个正在艰难困苦中奋斗的大明王朝，更像是洪水猛兽。在这群高贵愤怒的青年眼里，皇帝就是是非不分的昏君，掌权的大臣全是庸碌不堪的废物。想要振兴大明，就要听我们招呼。

这群青年精英们最怀念的岁月，自然是天启皇帝刚登基时，老前辈东林党们把持朝廷的日子，也就是史书上津津乐道的“众正盈朝”。虽然关于这段记忆，天启皇帝自家诏书里很委屈地抱怨，说一群道德君子啥正事不干，国家朝政都水深火热了，还只知道自己互掐。但在张溥、张彩、侯方域、方以智、冒襄之流眼中，那就是值得自己用生命去奋斗的光辉岁月。所以哪怕老东林被灭，这些东林二代与“土豪”二代们，仍然一拍即合，从此以改变世界、改变未来的自信，组成这个新团体，并为此不计血本地奉献。

后世学者一直在争论，说这复社的政治宗旨到底是啥，因为就其核心人物们的表现来看，各种言论都五花八门，而且好多还自相矛盾，根本就没啥统一主张。其实他们的追求始终没变，就是同气连枝，攫取权力。

所以所谓的科举研究，其实就是官场盘根错节的黑箱操作；所谓的雅集诗会，就是拉小团体的手段；而所谓的千人大会，就更是声势阵仗，专注为造势长声望。一群精英吃着、玩着、闹着、嫖着，屁股对着的，始终是政治的方向。

而在这整个过程里，他们从头到尾始终在干的，也只有一件事：骂祖国，也就是骂大明王朝。

具体说来，就是自从有了复社后，大明王朝干点啥，就全入不了他们的法眼。不但私下里骂，更要抓住一切公开场合，伟大光明正确地骂，比如诗会雅集，本来是做乐的场所，就变成了大明王朝的批判会。各类名流人物花样百出，纵酒嫖娼写诗唱词，五花八门地编排大明的不是，衍生出一批名家经典。所谓“复社四公子”的名号，就是这么骂出来的。正义满满的面孔，却是巧妙地搏出位“炒作”。

而到了各类集会上，他们更是精神抖擞，那就不再是文雅地骂，而是精神抖擞地骂，最主要的活动，就是“社集”，也就是全体成员的大型集会。这时候就彰显出人数多的优势来，有“金主”给砸钱，摆开盛大豪华的阵仗，然后邀请名号响亮的精英，外加好几千普通会员到场捧场，精英在上面卖命骂，热心观众齐心协力鼓掌捧场。从崇祯二年到南明初年，一共二十三次社集，每次都闹得天下震动。这高超的运作水平，放现在，足可轻松导演奥运会开幕式。

其实在政治风气宽松的明朝中后期，这样的政治团体，原本也不稀奇。骂朝廷的方式，也很没新意。但复社却有两条，远远超过前辈。第一就是严密的组织，从创办第一天起，就有了详细的家规。凡是入了社的，既不能乱说话，更不能目无尊长，一切行动听指挥，复社让干啥就干啥。犯错了不但有惩罚，还有规模化管理，每个地区都有负责人，谁犯了错就要连负责人一起罚。

而就内部关系说，复社的成员关系，更鱼龙混杂，既有名门子弟，更有寒门子弟，前者基本是领导，后者基本是小卒。而且相互之间的关系，还有父子、师生等各种情况。当然这师徒关系是其中最“注水”的，最早收的还是实打实的师徒，后来陆续收进的，基本都只有个师徒的名分。以同时期文学家归庄的说法，后来复社新收的徒弟，求的就是一个师徒名分，以拿出去撑门面炫耀。至于说到学问，真个是一问三不知。

发展到后来，更严重的情况，连《复社纪略》里都认账：

阿猫阿狗，只要能给够“赞助”，装够“孙子”，就能顺利加入。有了复社的招牌，更能在地方上胡作非为，抢男霸女的恶心事不少干。还有些地方的人，更借着复社的关系网大搞腐败，尤其是每到科举的时候，打着给复社扩大影响的旗号，其实却暗地里黑箱操作谋私利。所谓“嗜名躁进，逐臭慕膻之徒，亦多蹿于其中矣”。

对这恶劣情况，创始人张溥等人，其实也心知肚明。但他想要的，就是这个效果。

说起这位创始人，才是复社最有别于前代社团的最大“奇葩”。以教科书里的话说，这人是明代文学家，崇祯年间进士，有过一些文学主张，还有好些著述流传。但在当时，他比文学家更出名的称号，就是社会活动家。

张溥的活动能量，不是一般的强。此人本身就出身于大族，但因为是偏房生的，从小并不讨喜，却也因此练出了“接地气”的本事，小时候就会来事，长大了更会折腾。二十多岁的时候，就在苏州先办了应社，这社团闹得最大的动静，就是天启年间聚众拦截了押送东林名臣周顺昌的厂卫队伍，酿造了举国震惊的“五人墓事件”，把凶横无比的大太监魏忠贤，都吓得在深宫里直哆嗦。

这事之后，张溥从此名震天下。他也趁热打铁，崇祯元年选贡入京师太学，打着读书的幌子，玩命地上下活动。以陆世仪的说法，天天和京城名流饮宴不断，其繁忙程度，几乎到了“骚坛文酒，笈筐车骑，日不暇给”的地步。大明内忧外患的艰难岁月里，这群志在救国的精英们，就在干这骄奢淫逸的事。

当然张溥厚着脸皮干这事，享受还是其次，拉关系才是重点。先成立了燕台十子社，和京城的各路名流都搭上线，然后如当时大明的政治生态，京城一介名流，背后就是地方一介“土豪”。如此一来，严密的关系网立刻罗织。以张溥门生吴伟业的表述：张溥办这事的原因，就是看到了阉党当道，清流被打压，因此要振臂一呼，兴复传统文化。可意会的深意，正是争权。

在这样的苦心经营下，身为复社领袖的张溥本人，其声威也如日中天。就连他的好徒弟吴伟业中榜后刊刻试卷出版，竟把其他老师全划掉，书页上只印张溥一人：老师，这辈子学生跟定你了。而吴伟业的其他老师，对此也只能默默忍受，啥话也不敢说。

此人的社会影响力，也随着复社的壮大水涨船高。虽然只是个崇祯年间才中榜的进士，但一干老前辈都对他恭恭敬敬的，崇祯十七年间好些排名前列的科举幸运儿，更都来自他的暗箱操作。就连他的嫡母去世，前来吊唁的各界名流，就有数千人之多。实打实“大腕”的葬礼。

这样一个“大腕”创办，实力强盛的团体，骂起大明王朝不但积极，且杀伤力惊人。而与前代社团最大的区别也正在这：他们绝不是放空拳。

复社的终极目标，还是政治。各色的表演，最终还是为了抓权。所以多年以来，除了一步步在朝堂上渗透亲信，就是在党争中不断地蹚浑水。其中最典型的事件，就是大战首辅温体仁。

自从崇祯登基后，在经过了早期折腾后，选定了温体仁作为首辅。这位温体仁，被后世史书普遍划为奸臣。因为他虽然干活勤奋，而且为官清廉，但此人阴沉奸诈，整人手段花样百出，不但坑了政敌钱谦益，更在坑走钱谦益后，捎带手又把昔日盟友周延儒坑掉，坐稳了首辅的宝座。

在这件事上，强大的复社好似闻了血腥味的群狼一般，先是首领张溥辞职回家，但其实以退为进，接着就是大规模的虎丘大会召开，数千会员云集，义正词严声讨温体仁。然后各路有复社背景的官员，特别是在言路里占有分量的言官们，立刻抖擞精神，放大镜似的找错，专门给温体仁捣蛋。

于是“奇葩”的场景上演了，崇祯皇帝惊奇地发现，大明王朝内忧外患，外面后金一个劲儿闹，内部农民起义可劲儿地打，可是广大号称爱国的青年精英才俊们，拿不出建设性意见倒也罢了，骂人反而精神抖擞。朝廷遇到啥困难事，哪怕前方十万火急，几十万军民生死一线，这群人统统不管，只是在喋喋不休地死咬：这是某某某的责任，有着某某某的背景和某后台……

倘这些人恩怨分明倒也罢了，可具体到工作上，好些实际责任，却往往“选择性失明”。比如前线作战的武将，和这群人没关系的，就往死里骂，而和这群人关系密切的，就天花乱坠地找理由保。比如晚明军阀左良玉，打仗不是爱跑路，就是爱拾便宜，专注看热闹、坑领导、“放水”农民军好多年。可就因为是东林大佬侯珣选定的人才，复社骨干侯方域又是侯大佬的亲儿，因此每次左军阀一犯浑，立刻有官员积极开脱，拼命力保的后果，就是把这晚明长腿将军保成了清朝入关后的汉奸。

这群人的捣乱行为，晚明忠心耿耿的顶梁柱卢象升，也十分愤愤不平：那些骂人的既不懂军事，更不知前线军情，而且从来不顾前线军民的生死辛劳，只是凭着自己的妄自猜度，就胡乱地推测谩骂，最后延误的，还是国家大事。

而愤愤不平的卢象升，最后在抗击清军南下的战斗中，明明被崇祯宠臣杨嗣昌抽走了精锐，只剩下老弱残兵，坚定的身躯面对压境清军，背后竟也被言官们以各种罪名谩骂，几个骂街的主力，更全有复社背景。卢象升慨然出战，在巨鹿血战中以弱敌强，壮烈殉国。噩耗还没有传来，某些说他投敌叛国的骂人奏折却已传得满天飞……

对这群人的战斗力，无论是崇祯皇帝还是权臣温体仁，都特别地头疼。行事急躁的崇祯，却没有触众怒的胆子，因此基本还是容忍。温体仁却手段够硬朗，多次罗织罪名，整治复社，尤其是拿捏住了其中多位骨干的黑材料。打击最狠的时候，跑回家躲的领袖张溥，成天担惊受怕，甚至到了“一日数惊”的地步。

但功夫不负有心人，在复社的积极参与运作下，温体仁终于失宠下课。这个复社最恐惧的人物的离职好似搬开了大石头。而后经过东林大佬钱谦益与复社大佬张溥的虎丘密会，成功操作了前首辅周延儒的复出。随后复社又在南京大搞集会活动，揭批前阉党大员阮大铖的罪恶，成功阻止了这位对头东山再起。而后复出的周延儒更够意思，在崇祯面前卖力说复社的好话，解除了温体仁当政时代对复社的诸多打压。这群满满理想的青年才俊，似乎真见了天日。

但从此开始，一直到明朝灭亡，复社进入了其最嚣张自由的时代。各地的集会讲学活动不断，声威更是熏天。但对国家大事实际的建树，却是一件没有。

要说这群人只是摆姿态不办事，却也不完全对。至少有一件事，他们从头到尾都在办：抗税。朝廷要抗清，要平定农民军，所需的白银军费，但凡朝廷打算让江南地区买单，立刻招来复社的强硬反抗，相关官员的奏折，激烈得能把主事官员淹死。然后复社的千人活动，更是慷慨激昂批判。

这事干得积极，想想也容易理解：复社的经费来源，主要来自江南大族。收了人家的钱，就要给人家办事。复社在这条上，还是很讲诚信。哪怕后来明朝灭亡了，清军打下了江南，一些复社的头面人物也主动找清军请愿，请求减免明朝时期的江南赋税。可以说是讲诚信到底。

当然，如果朝廷要加农业税，那就另当别论。基本上各路头面人物，都是“选择性失明”。反正不是加我身上，操个啥心。于是被复社精英允许加农业税的大明王朝，终于给“加”亡了。

现形的精英

随着复社的灭亡，昔日的风云人物们，命运也再度分化，如陈子龙、夏完淳、冒襄、方以智这样的义士们，铁骨铮铮抗清到底，或不屈战死，或归田隐居，终生不仕清廷。其高洁品质，至今为后人追忆。

但说到实际的办事水平，还是有必要说说。那些毁家纾难，投身抗清事业的精英们，真等着上了战场，才懂打仗是怎么回事。可惜这群人积极性极高，打仗水平却极差。就像张永祺在《偶然遂记》里所说：置身事外的事后，总痛恨兵丁骚扰，真正加入了军队，才体会到战争的残酷。几乎可以让人失声痛哭。

但可敬佩的是，虽然艰难困苦，这些人却大多没有投降，顽强抗争到最后，不是壮烈不屈殉国，就是隐居山林苦等。前半辈子骂够了大明，后半辈子一直在为复兴大明而奋斗。

而诸如顾炎武、方以智这些人物，抗清失败后坚守气节，醉心于学术研究。无论自然科学还是人文科学，都做出了不朽成就。也再度证明了学术研究，才是他们有前途的事业，前半辈子参与政治，基本是走偏了。

而比起这些“业界良心”来，复社中的另一类人表现却十分不堪。早在李自成攻陷北京时，崇祯皇帝壮烈自尽。李自成为炫耀武力，把崇祯的尸首拉出来给明朝大臣展览，大多臣子即使不敢吊唁，也都暗自垂泪。然而其中的复社骨干周钟，却演出了人生中最无耻的一幕。此人早年喜欢骂人，从卢象升到孙传庭等名臣，没有不被他骂过的，公共场合也经常大喊忠孝，如此有名的爱国青年，这次大摇大摆地从崇祯的尸体上走过，十分地嚣张傲慢。这跳出来的“不屑哥”立刻讨得李自成欢心，受命起草了李自成的登基诏书。

如果说“草根”出身的周钟这么做只是眼皮子浅，那么身兼东林二代与复社骨干双重身份的魏学濂，表现就更令人大跌眼镜。他父亲东林党人魏大忠，由崇祯帝亲自主持平反，他本人也得中进士，成为崇祯十六年的庶吉士。如此深厚国恩，换来的却是他主动卖身投靠李自成，而且被李自成封了个小官，就得意洋洋地骑驴“得瑟”，成了京城一景。

这样的毫无廉耻，只是复社某些精英的缩影。堪称复社重量级人物的陈名夏，却演绎出最节操尽碎的人生。此人身为常州豪门，当过给事中，骂过很多人，更不惜血本给复社捐过很多钱。而后南明灭亡，立刻向清朝卖身投靠。由于很会表演且有背景，也被清政府大力提拔，一度官至吏部尚书。

而这人做的最有影响力的事件，就是曾劝清朝摄政王多尔衮废掉顺治帝，自己当皇帝，反而被多尔衮劈头盖脸一顿训。但他真正招祸，却是大权在手后，为了稳定自家政绩，竟然联合江南地主，像在明朝时那样，闹起声势浩大的抗税运动。但严刑峻法的大清，岂是明朝那么宽容好说话？结果被清朝大臣罗织罪名，顺治十一年以谋反罪处死。也成了清朝早期收罗的汉奸中，十分失败的一位。

而在晚明复社时代，一直十分活跃的文学家张岱，入清之后避居山野，这位明末生活骄奢淫逸的风流才子，晚年在孤苦伶仃的生活中，写下大量回顾明代复社生活的文章。相关的文集，也被命名为《忏悔录》，一声忏悔，怕是那些曾经热血的青年们，晚年最深刻的体会。

一个阴差阳错改写了日本历史的明朝大师

随着崇祯十七年北京沦陷，崇祯皇帝殉难，清军入关，大明王朝二百七十六年的历史，也就正式划上句号。

但对这件事，南明是不答应的。大批仁人志士投身其中，毁家纾难抗战到底。但铁骨铮铮的抗争，也难挽大厦于将倾。随着永历十二年，南明皇帝朱由榔败退缅甸，延平郡王郑成功逆袭南京功败垂成，中国全境已尽数落入清王朝手中。抗清复明的大业，已悲情落幕。

而郑成功麾下的一位幕僚，也长叹一声，踏上离乡背井的路途。他以后的足迹，在鲁迅笔下《藤野先生》里有轻描淡写的一句："其次却只记得水户了，这是明的遗民朱舜水先生客死的地方。"这篇一代人中学生涯必学的课文里，名叫朱舜水的游子，只是个不起眼的存在。

然而对他轻描淡写的鲁迅，乃至那年月狂热崇拜日本，组团跑去学习的进步青年们，却很少有人想到：正是这位朱舜水，把晚明的思想文化，在这个贫瘠的东洋小岛上开花结果，成了近代日本崛起的先声。

朱舜水者，便是号称明末清初五大学者的思想家—— 舜水先生朱之瑜。

朱之瑜何许人

明朝万历年间，是中国古代史上的一段自由时代，名流出得多，但败类也多。有些人正气凛然出了名，可大难临头后变节比翻书快，后来叛变投敌的钱谦益，便是典型代表。

还有一类人，道德品质堪称君子，可水平却不“接地气”，好心办出的坏事一箩筐，直到把明王朝办完。著名的东林党里，这类人更不少。

而朱之瑜却是第三类，既有风骨品质，更有接地气的本事。这类稀罕人物，以清末学问家梁启超的观点，满打满算只有五人，即“晚明五大思想家”。朱之瑜，便是其中之一。

朱之瑜家是余姚名门，祖父朱孔孟多次谢绝朝廷征召，父亲朱正多次谢绝不过，才当了漕运总督。世代相传的一个信条，便是道不同不相为谋。

清高的直接后果，便是朱之瑜艰难的童年。父亲英年早逝，母亲拉扯着三个孩子贫寒度日。小朱之瑜也早当家，小小年纪就养家糊口，不但干种地屠宰之类的农活，连城里的帮佣杂役也曾做过。学业也没落下，一面打工一面自学，学业日益精进。

到朱之瑜二十五岁那年，哥哥朱启明考取武进士，从此家境不但大好，在兄长关照下朱之瑜求学也得到新机会，先后拜了三位名流为师：朱永佑、张肯堂、吴钟峦。

这三个人有多厉害。朱永佑，崇祯年间的吏部侍郎；张肯堂，崇祯年间的福建巡抚；最厉害的是吴钟峦，虽说官职不高，但教育成果显赫，好多朝野名流，都曾是他的学生。

这三位老师先后传授给朱之瑜的，除了传统儒家学问外，还有明末一门新兴学科：实学。

实学，源起于宋代的“事功学派”，强调经世致用。隆庆、万历年间的杰出政治家高拱和张居正，都是实学的忠实信徒。

这就好比武侠小说里，一个天赋秉异的苦小子，机缘巧合遇到了江湖顶级高手，获传独门武功秘笈。朱之瑜的实学本事，也顺利层层升级，很快声名鹊起，成了知名俊才。

而对他影响最大的老师，便是吴钟峦。此人多才多艺，从财政税收到种地砍柴，样样本事都尽数传授。除了这些独家绝技，他教朱之瑜最多的，就是坚定的信念。经常用各种方法，磨练考验朱之瑜的意志，反复灌输给朱之瑜的，便是一个强大的信仰：不能忠孝，虽有经世之才，何益哉。

正是这个强大信仰，支撑了朱之瑜一生的选择。

在几位名师的悉心教育下，朱之瑜的能力突飞猛进，照当时苏松学政亓炜的话说，就是“文武全才第一”。而真正见证朱之瑜这时期实力的，就是他已修炼得如火眼金睛的判断力。朝廷的“橄榄枝”抛来，邀他入朝做官。但朱之瑜的回答却是冷冷两字——不去。

因为他早看透了那位正玩命励精图治的崇祯帝。照着他给妻子的话说，我要是出来做官，肯定会官运亨通，然后就会建言国事。说的话皇帝肯定不会听，轻了就会把我问罪，遇到祸事还会拿我顶罪。

对比明末好些名臣的遭遇，朱之瑜的预言，确实准得离谱。看懂这一切的朱之瑜，从崇祯年间起，先后十六次拒绝朝廷的邀请，一边把大明风景看透，一边在休闲的日子里细水长流。

而比起先祖的清贫来，一身实学本事的朱之瑜，却把闲居的生活，都打理得丰富多彩：除了种地劈柴，就是外出讲学。捎带还常做点生意，动动脑子就赚不少钱，从江南到日本、越南，都交了不少三教九流的朋友。小日子过得十分滋润。

但生活滋润的朱之瑜，最后还是把明朝惹毛了。南明弘光政权成立后，权臣马士英也盛情邀请他，朱之瑜依旧淡然拒绝，谁知却惹恼了小心眼的马士英，打算罗织罪名把他逮捕。但朱之瑜人脉太熟，更狡兔三窟，早早就收到消息，立刻脚底抹油，躲进了舟山群岛。

本来他以为，这不过是暂避风头。但万万没想到，他刚跑了没一个月，清军就大举南下，南明弘光政权迅速灭亡。南明弘光皇帝朱由崧被俘，曾想整治朱之瑜的权臣马士英，带兵坚持在太湖流域打游击，最终被俘英勇就义。朱之瑜的家乡，也沦入了清军的铁蹄下，只有舟山群岛靠着地理优势，暂时未被战火波及。那个曾经温暖的家，再也回不去了。

挺身赴国难

朱之瑜有家难归的时候，南明王朝，也到了生死存亡的关口。

舟山群岛上，集结了大批败退来的军队与官员，鲁王朱以海也很快到了，就任为“监国”，这是南明抗清的又一个堡垒。

初到舟山的朱之瑜，一边打理他在舟山的生意，一边打听外面的风声。而随着鲁王政权的建立，一直悠闲的朱之瑜，却突然做出了一个出人意料的决定：投身抗清，全力救国。他做出这个抉择，一个原因，就是三位授业恩师，张肯堂、吴钟峦、朱永佑都投身在鲁王身边。但更重要的原因是，这个一直悠闲的俊才，心中其实一直埋藏着沸腾的热血。国难面前，终于唤醒。

热血沸腾的朱之瑜，从此正式成为南明的谋士。一边卖力干活，一边拒绝南明的官位，以一个平民百姓的身份，抛弃舒适的生活，为抗清复明，甘愿历经艰难。

而他干得最重要的活儿就是为鲁王政权筹钱。不但把自己多年积攒的家产都捐出来，更乘风踏浪，远赴海外筹款。从此开始，朱之瑜便踏上了一条艰难的道路，多次往返在海洋上，从朝鲜、日本到东南亚。期间也曾作为鲁王的特使，联络各地抗清力量。十几年的人生，基本都在海上动荡。

期间生命危险更遇到好几次。一次半路遇到清军战船，一干人等惨遭俘虏，清兵钢刀架在脖子上，逼朱之瑜投降，结果朱之瑜面不改色，反而谈笑风生，甚至给面前的清兵讲忠孝之道。这一番风采，就连敌人也大为叹服。清军主将刘文高敬佩不已，当场将朱之瑜释放。

而比起这些淡定的表现外，便是朱之瑜优良的工作成果。他先后把多支零散的抗清力量，团结在南明政权旗下，更为海外筹款，找到了一个重要落脚点：安南会安。

会安，即今天越南会安市，明末的时候，这里是华商云集之地。通过艰难的奔走，朱之瑜多次成功筹措饷银，源源不断送回国内。同时也以会安为基地，发展抗清力量。这个小小的港口，一度成为海外明朝遗民的大本营。朱之瑜在这里的十二年，工作十分成功。

但沉重的打击，却接踵而至。先是永历五年，清军悍然发动了对舟山群岛的大规模进攻。鲁王政权兵败如山倒，朱之瑜的三位授业恩师：张肯堂、吴钟峦、朱永佑都先后死节殉难。闻听噩耗的朱之瑜悲愤不已，从此不再过中秋节，以示对老师故友的纪念。

而在经过五年近乎绝望的等待后，朱之瑜终于等来了一封迟到三年的书信：这是舟山群岛沦陷后，鲁王给他的信。信中告诉他，鲁王一行已寄身于永历政权大将郑成功处，读到这里的朱之瑜，仿佛看到云开月明，以他自己文集里的话说，当时喜得泪流满面。

但继续读下去，便是巨大的委屈填满心头：对孤守海外的朱之瑜，鲁王破口大骂，说朱之瑜只顾自己过小日子。这无理的指责，令这位历经苦难的忠臣，再也无法忍耐，当场挥毫泼墨，为鲁王写下一封披肝沥胆的回信——上监国鲁王谢恩疏。

在这封书信中，朱之瑜叙述了自己海外十二年的生活，更写尽了自己拳拳之心。为此把自己一直恪守的规矩也破了：接受了永历王朝的官职，正式成为明朝官员。不为荣华富贵，只为向所有人证明：从此之后，我的命运便与大明紧紧捆绑。

得到消息的朱之瑜，便准备动身回国。万没想到，意外又发生了。安南国王阮福濒打起小聪明，想收揽朱之瑜为自己所用。

他一小聪明，朱之瑜的祸事就到了，先把朱之瑜强行带入安南官府，而且每天都去杀朱之瑜的邻居。谁知朱之瑜不就范。阮福濒又来软的，说你只要做官，就给你造豪华府邸，把你妻妾全接来。朱之瑜朗声大笑：我离开家乡十三年了，哪有什么小妾。阮福濒最后又试探了下，派大臣写了一个“确”字，这下朱之瑜更豪情大发，挥笔写下一幅《坚确赋》，表达了自己摈弃荣华富贵的信念。阮福濒终于服了：你真是高人，走吧。

五十多天的囚徒遭遇，史称“供役之难”。朱之瑜以其高贵的品质，令凶残的敌人心悦诚服。期间的朱之瑜每天都坚持写日记，取名为《安南供役记事》。梁启超说：这好比一场突然的飓风，却折射了朱之瑜至诚爱国的高尚人格。

永历十二年秋，历经坎坷的朱之瑜，成为郑成功军中一位文士。他奔走十多年的抗清大业，这时已呈现出最灿烂的曙光：郑成功以麾下十余万大军，发动了对清朝东南地区的大规模讨伐。目标是攻克南京，光复大明东南半壁。

作战计划启动，朱之瑜热情高涨，他再度出使日本，寻求日本幕府的支持。虽然碰了一鼻子灰，却有个小插曲：日本学者安东守约，主动给朱之瑜写信，恭恭敬敬求教各类学问。阅信的朱之瑜欣喜不已，立刻欣然回信，收下了这位日本学生。或许连他自己都没想到，这件不起眼的小事，竟深深影响了后半生。

但他的老本行抗清大业，很快急剧逆转。眼光一向准的朱之瑜，再次发现郑成功不靠谱。以朱之瑜的评价，虽然他英勇过人，但他有两大毛病，一是刚愎自用，二是优柔寡断。于是战局迅速恶化，七月份清军反扑，郑成功兵败如山倒。损失惨重后败退厦门，而后永历政权失陷，郑成功困守厦门，抗清的大业，在划过这抹最灿烂光辉后，终于还是无情地熄灭了。

看得通透的朱之瑜，也终于心灰意冷。永历十四年春，六十一岁的朱之瑜，做出了一个新的人生抉择：再度漂泊海外，不仕清朝。

而漂泊的目的地，就是之前他已经去过六次的日本。

由于多次造访日本，虽然没办成事，但朱之瑜的名号，在日本早就传开。这次抵达日本后，不但受到热情接待，还破了日本的老规矩：德川幕府严禁外国人在日本定居。先前已拜朱之瑜为师的安东守约，是柳川藩主立花忠茂的近侍。有他上下奔走，终于创造奇迹，朱之瑜获准在长崎租屋定居。日本锁国令以来，他是唯一获得破例的外国人。

传道在东洋

初到日本的朱之瑜，受到了极多的关照。特别是新学生安东守约，除了常登门求教，还把自己一半的俸禄都慷慨赠送。靠这些帮助，朱之瑜的生活，总算安顿下来。

但朱之瑜的内心，却极度痛苦：永历皇帝朱由榔在昆明殉难。郑成功虽然光复台湾，再造抗清根据地，但旋即也英年早逝。抗清的大局，越发不可为。

坏消息一个个传来，朱之瑜的心头，也接连伤悲，客居日本后，每当想起故国沦丧，他常常夜深人静的时候切齿流泣。儿子写信给他，告知生活困顿，他回信谆谆教诲：说就算哪行也过不下去，饿死也不能做清朝的官。

他自己也打算这么做。客居日本几年里，基本都是深居简出。到了永历十九年，手头有了点积蓄，他打算买几亩地，从此躬耕度日，不问世事。

但这时候的日本，却恰好是个重大演变期。日本主流佛学思想日益衰退。明朝百花齐放的儒学思想广泛传播，涌现学派无数，先前为朱之瑜定居奔走的安东守约，就是其中的杰出人物。但这时的日本儒学，也有大困扰：学派多思想杂。有官方的朱子学，还有追捧春秋战国时期孔孟思想的古学派。更有悄然崛起的阳明学派，都标榜自己是正统，互相更争个没完。而且这帮人水平也都有限，更盼着有正宗大师来解惑。盼星星盼月亮，盼来了朱之瑜。

日本幕府集团也有自己的算盘：儒学虽然好，但没个主流思想，肯定不利于统治，更得有公认的大师级人物主持大局。朱之瑜，就是最好的人选。

所以朱之瑜能够破例定居，除了安东守约等人的殷勤接待与奔走外，上述情景才是根由。

也正是这样的背景，注定了朱之瑜的晚年绝不会平静。他会卷入这场日本文化变革洪流，更将成为其中定海神针般的宗师人物。甚至，决定日本的历史走向。

因此正当这年，朱之瑜正一心一意选购地皮的时候，一位重量级人物的邀约，改变了他隐居的决定：德川光国。他是日本统治者德川家纲的叔父，也是水户藩主。

此人在当时也有一个大追求：推广儒学。他自己的地盘水户，更是儒学成风。但学校易建，老师难寻，对朱之瑜这样一个至宝，自然也不放过。不但盛情邀请，更送他一个响亮名誉：国师。

对这隆重邀请，朱之瑜一开始没什么兴趣，但德川光国十分诚恳，反复派人恭恭敬敬邀约。特别是使者小宅生顺，也是日本儒学名流，和朱之瑜聊得很投缘，也终于勾起了朱之瑜的兴趣：瞧瞧去！

朱之瑜这一瞧，就缔造了日本文化史上经典一幕：德川光国以弟子礼节，恭恭敬敬侍奉朱之瑜讲学。甚至为了表示尊敬，建议朱之瑜能再取个名号。这一建议，就勾起了朱之瑜的思乡之情，他长叹一声，为自己取了这个光耀日本史的称呼：舜水先生。

舜水者，朱之瑜故乡的河流名称，一声舜水，背后正是这位海外遗民，有家难归的酸楚。这事传开，全日本沸腾。各路名流蜂拥而至，纷纷一睹名师的风采。此后几年，朱之瑜游走在江户和水户两地，讲学传道。后来就连各路诸侯，政界要人，都纷纷登门拜访。特别是水户地区，听讲的学生里，竟还有白发苍苍的老者，场面极其热烈。

而朱之瑜也用自己的表现证明，他的宗师名号，着实名不虚传。他的工作态度极其认真。虽说日本人的水平资质比明朝学生差太远，但他毫不歧视，教学的每个环节，更是督导严格。

最令日本学生们感慨的，就是朱之瑜的因材施教。比如学生安积觉耐心差，朱之瑜就对症下药，特意给他一个作业本，让他把每天的学业，学完后原原本本写下来。学生服部其衷常耍小聪明，经常装病旷课，但朱之瑜每次都谆谆善诱，一劝就是一整晚。这位顽劣的学生，从此态度大变，终生勤恳治学。如上美谈，在日本各色史料中，一直津津乐道。

而且教书的朱之瑜，真拿学生们当亲人，谁家里出事，经济有困难，他都慷慨帮助。他还很会做心理辅导，所谓“抚之如慈母，督之如严父。”正是他一直以来的光辉形象。

工作认真的朱之瑜，把他一生最光辉的学问——实学，毫无保留地传授出来。这时的他，自身学问早已成熟，更大胆创新，自成一家。他开创的独特思想体系，甚至超越了他所生活的时代。朱之瑜的实学思想，归结下来有五条，而对当时日本影响最直接的，正是其代表哲学思想：践履论。

践履论，就是强调实践。细解起来，一是认为儒家的

“道”，存在于实际生活之中。求“道”要靠实践中的学习领悟。而且任何一种“道”，更有实际的应用性。二是人的品格形成，也来自于实际生活行动，获得崇高的道德，需要人后天勤奋的努力。

对当时日本来说，这思想的一大作用，就是包容性。日本几大学派，各执一端不说，多年的学术争论，斗成一团混沌。朱之瑜一讲学，这下混沌全开。朱之瑜既对几大儒学流派的成就客观认可，更逐一点出不足，提出全新思路。从此几大学派求同存异，相互交流，变得十分团结。

而比起思想来，朱之瑜的政治观点，更深远影响了日本政治演进：革新论。

朱之瑜不但倡导仁政，而且对于仁政的内容，也做了大胆定义：不只要求皇帝勤政爱民，更讲究“利民”，也就是要把国家的经济搞上去，从而富国强民。他更把商品经济提到极高位置，即使与同时代西方“重商主义”思潮比，朱之瑜的观念，也毫不逊色。

特别进步的是，在实现“利民”的问题上，朱之瑜更有创造，提出了“礼教”和“法治”并重：一个成熟的国家，道德教育和法制约束，是两条腿走路，法律的进步与执行，更要以保护道德为根本目标。如此主张，即使放在现代社会，也是振聋发聩。

也正是这种革新思想的传播，在未来的两百年里，仿佛一股汹涌的暗流，默默推动了日本社会的演进，甚至对于19世纪日本的明治维新也影响深远。

而与“革新论”相辅相成的，便是朱之瑜独特的经济思想：致用论。

这个理论最重要的，就是对于明朝的灭亡做了痛苦的反思：这是经济的破产。在水深火热的局面下，只知道添丁加税，好些官员空谈道德，却没有实际利民的本事，终于把这个王朝彻底败掉。

在反思之后，朱之瑜对怎样繁荣经济，总结出三条办法：一是执政者要懂经济；二是要鼓励民营经济；第三条是技术革新，农业和手工业技术的进步，是经济发展的源头。这第三条对日本的直接影响是，朱之瑜到了日本后不但教书，更教生产。

朱之瑜教生产这事，在日本极其有名，还经常带学生实习，不是跑到农村教种地，就是到城里店铺里教手工技术，有次在油漆店里演示刷油漆，把围观群众看得叹服。包括种地、酿酒、屠宰，只要他会的，全都热情传授。德川光国深情回忆到：先生为一经济家，假令日旷野无人之地，士农工商各业，先生皆可兼之。

而这事对日本的冲击更是深远，明朝先进的生产技术从此大范围传播。还有就是观念颠覆：日本传统的儒学鄙薄生产，但朱之瑜把生产的位置抬得极高。以至于后来日本的诸多儒学门生，很多都是实干家。19世纪日本维新时代的诸多精英，正是在这样的土壤里孕育。

而朱之瑜也知道，推广生产，传播实学，最直接的方式，就是办教育。在这事上，他同样有独特创造：社会论。

与经济思想的“致用论”相同，朱之瑜教育思想的“社会论”，同样来自对明朝灭亡的沉重回忆。在朱之瑜眼里，明朝的灭亡，首先是经济问题，然后就是教育问题。以他自己的话说，明朝一直重视教育，但最后培养出来的，要么是道德伪君子，要么是书呆子。明末为什么这种人多？说到底还是教育出问题。

怎么解决这问题？这就是朱之瑜的“社会论”，学习目的要变，要为了造福社会而学习。学习内容要变，不但要学道德，更要学为人的智慧与生产的知识，学到了就要用得着，学习方法要变，不能闭门学，学生更要充分地接地气。教学方法也要变，再复杂的学问，都应该用通俗易懂的方式普及。《四书》《五经》的学问，甚至被朱之瑜变成朗朗上口的日本儿歌，三岁小孩都能传颂。

而对日本教育甚至当代教育影响最大的，更有朱之瑜“社会论”中的特殊一条：教育普及。永历二十四年，德川光国在水户设立学宫，朱之瑜亲自设计了学宫的样式，在学宫落成后，又制定了一套以中国儒家传统为基础的礼仪。从头到尾，他都是这件大事的缔造者。而对德川幕府时代的文化，影响尤其大的，就是朱之瑜的史学思想：尊史论。早在青年读书时代起，朱之瑜就以史学见长，在客居日本之后，他也把自己卓越的史学思想，带给了日本人。

朱之瑜的“尊史论”，核心有两条，一是尊重历史的事实。这条也解决了日本人修史的一个头疼问题：日本之前常年战乱，史料驳杂，德川幕府统治时期，想编修一部日本历史书，却常年办不成。

朱之瑜的“尊史论”出来，问题就解决了。朱之瑜认为，修史首先要有明确的历史观念，即强调国家统一，尊奉正朔。而在目的上，“尊史论”的目标更现实：致用，也就是他一直说的“经以史佐”。朱之瑜的几位日本弟子们，启动了著名的修史运动，以朱之瑜弟子安积觉担任主编的《大日本史》修撰完成。这部史书倡导的五大思想：尊王、抑藩、忠君、爱国、大一统，更成为后来倒幕运动和明治维新的思想源头。

特别值得一说的是，对朱之瑜的史学思想，日本人也是有选择性地继承。朱之瑜“尊史论”中另一思想，反而在日本重视不多。但这个思想即使对于今天，也有极大意义：百姓者，分而听之则愚，合而听之则神。其心既变，川决天崩。这话按照白话说，就是人民群众，才是历史前进的动力。

就这样，朱之瑜人生最后二十年时光，仿佛一抹浓重的晚霞，在日本的国土上，招摇出片片动人的华彩。他门下弟子遍布，最亲近的五大弟子，即安积觉、今井弘济、五十川刚伯、服部其忠、下川三省，都成为日本历史上影响深远的精英名流。特别是安积觉，他开辟了日本近代儒学的重大流派：水户学派。

永历三十七年四月，八十三岁的朱之瑜，溘然长逝于日本大阪。他留遗嘱要求：自己的墓碑之上，一定要写上“故明人朱之瑜墓”。享誉日本的朱之瑜，一生过得十分清苦，但临终的时候，家产却积攒了三千多两黄金。这是他省吃俭用二十年，筹措的反清复明经费。故国的沦丧，他一生念念不忘。

他的离世，更成了日本举国的痛事。送葬当日，许多弟子当场失声痛哭。最早的学生安东守约，在朱之瑜周年祭奠的时候，依然泣不成声：老师您这样离开了，以后我的学问有了疑惑，还能向谁求教呢?

朱之瑜死后，他的弟子们做得最重要的一件事，就是整理朱之瑜文集。其中最为著名的，就是《舜水先生文集》，这部共28卷的巨著，一直到日本近代，诸多日本倒幕和维新时代的精英人物，依然对此敬慕不已。诚如安东守约的感慨：对于朱之瑜这位杰出的哲人，几百年间，日本人一直求教不息。朱之瑜过世八个月后，清王朝发动了征台战争，南明王朝最后一个政权，台湾明郑政权，终于降旗投降。朱之瑜临终前念念不忘的复国大业，就此彻底如梦。大明王朝三十九年沉重的余波：南明王朝时代，彻底划上句号。

明朝的女人、女神与女神经

明朝公主嫁人难

俗话说，皇帝的女儿不愁嫁，但看看明朝就发现，这事真叫愁。

明朝三个世纪的历史上，共出生公主92位，但其中获得公主封号的，只有77位，加上明朝开国皇帝朱元璋的姐姐与侄女，明朝拥有公主封号的女子，共有81位。之所以有些公主没有封号，主要因为她们其中三十六位出生时早夭，许多人因此没有册封。在家庭子女地位上，明朝同样重男轻女—— 公主的名分，并不是生下来就有的，就算你是皇帝的亲闺女，也要老老实实地熬时间。明初的时候，通常是刻板到公主出嫁前两天才给名分，后来总算政策灵活掌握，但也大多要到公主成年之后。

而如果细看这81位公主的“结婚率”，却是一个差强人意的数字：下嫁者一共57位，刚刚过百分之六十。而这其中如愿嫁得好郎君的，随着明朝时代的演进，却越发地屈指可数。

明朝公主的婚姻，和那年头民间嫁女儿一样，属于包办婚姻。在明朝朱元璋至朱棣三代帝王统治年间，公主的丈夫，主要是从勋贵子弟中选取。然而随着时间的推移，公主择婿到明朝正统年间的时候，也逐渐形成了制度化：一是禁止文武大臣家的子弟参选。二是驸马的选择，也是通过海选方式进行，由礼部主持，参选条件是年龄14至16岁，且拥有京城户籍的在京普通官员以及良家子弟。要求容貌端正，举止端庄，家室清白，富有教养。如果京城找不到合适的，就把选拔范围，扩大到山东、河南、河北三地，通常都是以海选的方式选出三人，再由皇帝看，确定其中一人。有幸获选的幸运儿，也并不是立刻就能娶公主，相反要先参加礼部举行的驸马"学习班"，学习合格后方能与公主结婚，也就是成为我们通常说的"驸马"。

而对于平民百姓来说，驸马的诱惑力是非常大的。明朝的驸马，全称叫做"驸马都尉"，可以居住在国家赠予的豪宅里，更享受每年两千石禄米的高薪（折合人民币80万元），每年的计划外收入也多，比如有朝廷的赠田和赏赐，驸马的父亲也因此沾光，可以被授予兵马指挥使的虚职并享受俸禄，儿子也可世袭成为锦衣卫指挥，属于厅级干部。当然，从行政级别上说，驸马还是属于公主的下属，见了老婆的面，依礼要向老婆下跪，公主吃饭的时候，驸马更要侍立一旁，也就是公主吃着，老公看着，公主站着，老公跪着。对比驸马一家的优厚待遇，这些算是"幸福的代价"。

为了这"幸福的代价"，在当时，每到招驸马的时候，各地都有好青年趋之若鹜。理论上说，以如此严格认真的选拔标准，如此富有吸引力的条件待遇，给公主选个好驸马，貌似是没问题的。

理论上是这样，实际上却全走了样。

首先是对于驸马的考评，除了要考评驸马本人的条件外，驸马的家庭身世，也成为考评的重点内容。如此一来，有时候好端端的婚姻，偏偏就容易“烤”糊了。明世宗朱厚熜的女儿永淳公主，便是这么个“杯具”。当时明世宗为女儿招驸马，本来确定了一个叫陈钊的青年，这小伙一表人才知书达理，明世宗起初越看越喜欢，拍板就把婚事定下来了。可事后得知，陈钊出身不清白，父亲只是家族的小妾生的，这下明世宗不干了，果断替女儿退婚，但公主婚期已定，只得抓紧时间重新海选，仓促之下，这次可选歪了，好不容易选来一个家世清白的谢昭，可相看以后才知道，这位谢公子貌丑不说，还是个秃头，明世宗有心悔婚，无奈婚期迫在眉睫，皇家的面子朝哪搁，只能打落门牙往肚子里咽——嫁！

而更漏洞百出的，却是驸马的海选环节。和皇帝选老婆一样，公主选驸马，最初的海选，也都是由太监操办，且中间缺少监督，只要敢塞钱，阿猫、阿狗也能蒙混过关。万历皇帝朱翊钧的妹妹永宁公主，就是吃了这个大亏。当时万历帝大张旗鼓给妹妹选驸马，一来二去，总算挑中了一个。小伙子叫梁邦瑞，富商出身且相貌不差，外加操办的太监把他夸成一朵花，万历帝也就拍板认可了。可婚礼当天就发现不对劲，这哥们穿着婚袍，却当场狂流鼻血，把现场来宾都吓得够呛，关键时刻还是太监会说话，当场奉承说：婚礼见血是大红，这吉利啊！万历帝想想也对，于是就没往深里想。谁料结婚才一个月，公主就号啕着回来了：这位梁公子其实是个痨病鬼，参加海选的时候就病得够呛了，全靠给太监塞钱才混进来，送进洞房后，就体弱得连夫妻生活都过不了，蜜月都没过完就一命呜呼了。可怜永宁公主贵为金枝玉叶，却是先嫁人妇，再做寡妇。那年头已是明朝中晚期，所谓封建礼教在民间早已不作数，照《三言》的说法，女子离婚再嫁，那是正常不过。可放在皇室生活，却依旧条令森严。公主守寡，那是一定要守到底。不出几年，守寡到底的永宁公主郁郁而终。一生幸福全让迷信哥哥和财迷太监毁了。

而就算是择婿满意，婚姻顺利，公主、驸马的婚后生活依然时刻充满“幸福的代价”，最典型的幸福代价是：公主驸马的夫妻生活也不是随便想过就能过的。

因为从家庭关系上说，公主、驸马是夫妻，但从行政关系上说，公主是皇室，驸马是臣子，属于上下级。下级要找上级办事，通常都要申请，夫妻生活这类重大事件，同样也要申请。平日里，公主和驸马也都是分房而居的，公主在内室，驸马在外室。

而做驸马的，要申请过一次夫妻生活，那真比闯关还难。倒不是公主本人不乐意，而是公主并非一个人在战斗，陪公主嫁过来的，还有诸如保姆、奶娘等各色人等，申请一次夫妻生活，就跟进庙烧香一样，那得一级一级往里烧。

而最难烧的一关，莫过于公主的管家婆，即我们通常所说的嬷嬷。在公主与驸马之间，看似地位卑微的嬷嬷，却是横亘在公主与驸马之间的一道铁门，公主、驸马的夫妻生活过不过，一个月过几次，全是她说了算。

一般说来，公主和驸马要过夫妻生活，流程是这样的，由公主宣召，接到宣召的驸马，前来觐见公主，然后夫妻团聚，完事收工。

可有嬷嬷在，事情就不一样了。公主能不能宣召驸马，得看嬷嬷是不是同意，如果没给嬷嬷好处，嬷嬷不会同意；赶上嬷嬷不高兴，也不会同意。个别倒霉的公主，摊上个心理扭曲变态的，见不得年轻人恩恩爱爱的嬷嬷，那更是只能认倒霉了。

而公主之所以怕嬷嬷，主要因为嬷嬷都是老宫女，在宫里扎得时间长人脉广，尤其和实权太监交好，轻易得罪不得，虽然一个是主一个是仆，却还要看人家的脸色。

而接到传召的驸马，如果不给嬷嬷塞好处，就是嬷嬷传了，你也进不去，被嬷嬷铁青着脸挡出去。有些驸马会绕开嬷嬷，趁嬷嬷不在的时候来会公主，可一旦被嬷嬷发现，后果就很悲惨：嬷嬷会像捉奸一样把驸马逮出来，打得驸马这辈子都不敢偷着来。好好的夫妻，就这样整得和偷情似的。

绝大多数的驸马和公主，就是这么憋屈着过了一辈子，当然也有奋起反抗的，不过虽然胜利了，代价却是惨重的。比如《万历野获编》里所记录的，万历皇帝朱翊钧的女儿寿宁公主。

这位寿宁公主的来头可不简单，她是万历帝最宠爱的贵妃郑贵妃的女儿。万历帝有十个公主，夭折了八个，仅存的两个中，寿宁公主是他最疼爱的掌上明珠。后来寿宁公主嫁人后，万历皇帝还分外想念，嫁人的时候就特意下旨，命公主每隔五天就要回宫一次。

可就是这样一位备受宠爱的公主，结婚后却一直受嬷嬷的欺负。她和驸马冉兴让，婚后一直感情和睦，偏偏多出个嬷嬷梁英女。这女人脾气古怪，尤其见不得男欢女爱，公主要宣驸马，总是想方设法阻拦，公主、驸马花了不少银子，赔尽了笑脸，却是该骂还是骂，该不让见，还是不让见。

日久天长，小夫妻也忍无可忍了，趁有一次嬷嬷不在，冉兴让干脆摸进公主房间，二人痛痛快快私会一回。偏在正亲亲我我的时候嬷嬷回来了，这下可炸锅了，嬷嬷当场卷袖子打骂。公主也忍够了，和嬷嬷大吵一通，随后夫妻俩豁出去了，打算分头进宫，驸马去找老丈人万历帝揭发，公主去找母亲郑贵妃哭诉，同心协力和嬷嬷斗到底。

按理说，这小夫妻该是百分百的胜算，一个是皇上贵妃最疼的掌上明珠，一个是掌上明珠的老公，对面不过是个老宫女，胜负似乎一目了然。

可真斗起来才知道，小两口还是毛太嫩。嬷嬷早利用相熟的太监，跑到公主生母郑贵妃面前颠倒是非，尤其把公主思念驸马，和驸马相会，说成是不守妇道。结果郑贵妃大怒，公主来了三次都被挡在门外。另一边的驸马更惨，被挡驾见不到万历帝不说，还被嬷嬷的亲信太监找人一顿暴打。还没等着冉驸马去告状，万历帝的圣旨反而下来了：斥责驸马乱搞事情，反命他夺职反省。一对合法的夫妻，争取合法的夫妻生活，除了争来一顿暴打和母女反目，便是这么个窝囊结果。

不过他们还算是幸运的，这事情过后，事情的始作俑者梁嬷嬷，被调往他处。虽然打人的宦官没有遭到任何处罚，但相信公主和驸马是知足的，因为他们终于可以正大光明地在一起了。在整个明朝的三百年里，他们或许是唯一一对可以正大光明在一起的公主驸马，虽然过程惨痛了些。

明朝女人传奇

被丑化的马皇后

当代评书《燕王扫北》中，她是坏事做绝的恶毒太后：逼死了温柔贤惠的嫔妃们，外带提拔了大把亲戚祸害朝政，顺便下毒送丈夫皇帝最后一程。

然而在真正的历史上，她是丈夫贫贱时代的发妻，曾经为了给被囚禁的丈夫送饭，把身体都烫伤了。后来母仪天下，丈夫身边得宠的妃子们，听说谁怀了龙种，她便下令悉心照料，有谁得罪了丈夫，她更想方设法从中调解。每个皇子的衣食住行甚至学业，她都会亲自过问关心。

她究竟有没有生育子女，后世说法极多，但在所有的后宫皇子的记忆中，她是大家真正的母亲。每当想起童年时战乱里故去的双亲，直到晚年她还会忍不住流泪，但即使这样，她从未要求册封过一位家族亲眷。她对丈夫说：自古以来，外戚专权就是祸害，从我开始，要为大明杜绝了它。

她做了十五年皇后，只有一次干预过朝政：建议丈夫在全国设立储备仓，用以在饥荒的时候赈济百姓。在她生命的最后时刻，还不忘记嘱托丈夫：生死都是命运，千万不要因为我的病责罚医生们。她的离世，是丈夫人生中的沉痛一击，素来性格坚忍的丈夫，竟当着臣子的面垂泣。

她是大明王朝的孝慈高皇后马氏，《明史》中称赞“慈德昭彰”的一代贤后。她过世的消息传开后，即使后宫里的普通宫女，国子监的寻常学子，甚至民间的普通百姓们，好些也纷纷垂泪。

据说皇上追过你

戎马半生的铁血帝王朱棣，野史中也有一段津津乐道的爱情：在发妻徐皇后过世后，竟然爱屋及乌，追求起了自家小姨子——徐皇后之妹，中山王徐达的小女儿徐妙锦。

在此类说法中，徐小姐不但天生丽质，更兼文武双全，精通骑马射猎，还写得一手好诗词。上马就做女汉子，提笔便是女才子，如此“女神级”的人物，自然令永乐大帝倾慕不已。谁知徐小姐本人却刚烈，不但对皇家恩宠嗤之以鼻，还专门写了封信回绝。这封书信，叫《答永乐大帝书》。

在这封四百一十九个字的信中，徐妙锦告诉皇上，自己性情淡泊，只愿意像山中的小草一样，远离人世的纷扰，在青灯古佛前了却一生。这封情意恳切的书信，也终于打动了朱棣，放了徐小姐自由。

但参考正史记录，徐达的三个女儿，除了徐皇后外，另两位都嫁给了藩王。而且从出生日期推断，假若真有这样一位徐小姐，那么等朱棣求婚的时候，她最年轻也该有二十二岁了。

二十二岁还没嫁人的老姑娘，放在明代十分少见。这段爱情是否真的存在，至今还有争议。

话题女王刘莫邪

明初礼教森严，妇女规矩尤其多：穿衣要朴素，日常行动要谨慎，基本不出门，关在家里学女红，把男人伺候好就是模范。

但就是这样的年月里，偏出了南京才女刘莫邪这个另类。此女子虽说自幼命苦，父母双亡，由舅舅抚养长大。偏偏天资聪颖，经史子集过目不忘不说，更写得一手好诗词。

明朝建国后，刘莫邪成了大明上流社会的高光人物，不但与朱元璋的爱女大长公主成了闺蜜，更频繁出入各色王侯将相圈子里的酒会宴席，身边经常追求者云集。万众瞩目之下，刘才女不但艳压群芳，诗词更常技惊四座，流传下来的多首名篇，至今脍炙人口。而且不同场合中，她还是个经常变身的千面女郎，有时打扮得珠光宝气，高贵无比，有时却只穿上粗布衣服示人，却尽显朴实之美。

而关于她的种种猜测，也常在大明权贵圈里流传：有人说她一直单身，也有人说她曾嫁过富商，并继承了大笔遗产。更有邪乎的说法是，她曾拜得名师，学得绝技，不但医术精湛，药到病除，而且还懂通灵邪术，擅长摄人魂魄。但大家都知道的，便是她强大的活动能量，与许多权力人物交好，甚至高官们办不成的事，她都能随手办成。

这位大明权力场上的话题女王，在明成祖朱棣登基后活动过了头，一直为推翻朱棣而奔走，被朱棣投入监牢。已双鬓斑白的刘才女，早已无欲无求，干脆在牢房里写诗讽刺来视察的大理寺卿薛岩，气得薛岩当场将她杀掉。有关她身世背景的种种猜测，也就因此永远成谜。

大明学霸马蓬瀛

明初妇女规矩多，虽说有刘莫邪这样的另类，但大多数妇女，照着《女诫》的要求，只能老老实实在家相夫教子。但偏有一位山东昌黎村妇，却得到了明太祖朱元璋的隆重邀请：专门派官员到昌黎传达表彰赏赐，并下令当地政府每年额外补贴她家六十石米（人民币两万多元），只求她能出山做官。

这位村妇，便是元末明初杰出的科学家——马蓬瀛。既无权贵背景更一生清贫的马蓬瀛，出身于算学世家，年轻时便是当地精通天文数学的奇女。她的丈夫贡生刘公直，早年在昌黎游学时与她相识相爱，从此夫唱妇随，留在昌黎与妻子一道研究学问。

大明建国后的几十年里，她不仅学问精进，更热衷公益活动，曾帮乡民改进过农具器械，还曾设计新型水车，帮助政府抗旱救灾，大名也终于传到了朱元璋那里。就职南京后，马蓬瀛成为了大明王朝的天文台台长，任上不仅改装了各类天文设备，更整理恢复了元末流失的阿拉伯等国的数学天文资料。

朱棣执政时期，她又两度“退休返聘”，回南京重操旧业。儿子刘政也因为她的卓越贡献，被明朝政府特许为昌黎县儒学终身训导。有明一代，她是第一位获得品级俸禄的女官员。

世缘情爱总成空

她是翰林院庶吉士董铺家的女儿，二十一岁那年，经家庭安排，嫁给了钱塘于家的公子。这位公子相貌英俊，学业优良，而且乡里传言说，七岁的时候，有和尚看了这家伙一眼，便惊叹他是将来匡扶社稷的大人物。嫁给了这位未来的“大人物”后，她享受到了夫妻相敬如宾的欢乐。丈夫待她极好，除了情感和睦外，还常相互诗词唱和，并先后生育了一双儿女，婚姻出名的浪漫美满。

而后丈夫金榜题名，却一口气做了十九年巡抚，常年奔波在外，外加为官清廉，实在负担不起举家迁移赴任的花费，只得聚少离多。对一家老小的照料，全压在她的身上。她始终如一地勤俭持家，相夫教子，也深得丈夫敬重。多年两地相隔，夫妻鸿雁传书，丈夫信中“岁寒松柏心，彼此永相保”写尽思念与愧疚。

夫妻俩唯一一次争吵，还是因为女儿自作主张，爱上了一个贫寒的小子。身为母亲的她坚决反对，不惜和丈夫红脸，丈夫却只说了一句话：他不会负了咱们女儿，就像我永远不会负你。只这一句话，她便转忧为喜，再不反对。多年的辛劳中，她身染重病，却始终对丈夫瞒着，等到丈夫知晓，从千里之外的福建任上赶回时，她已溘然长逝。

这最后的错过，便成了丈夫心中最深的痛，之后的数十年里，丈夫再没续娶，一直孑然一身。每当想起她时，丈夫便疯狂地写诗，留下的《悼内》诗十一首，是明代诗词中感人肺腑的名篇。后半生情感孤独的丈夫，如七岁那年的和尚所言，在国家危难之时挺身而出，挽救危局，成为举国敬仰的大人物。然而敬仰丈夫的人却大多不知道，与她的二十七年婚姻，是痛悔终生的丈夫——忠肃公于谦，生命中最深情的片段。

戎马沙场的辉煌人生中，刚正不阿的官场生涯里，却还有"世缘情爱总成空，二十余年空遗梦"的伤怀，铁汉如于谦，也有柔情断肠处。

大明悍妇有骨气

明朝历代皇后中，景泰帝朱祁钰的皇后汪氏，应该是最泼辣的一位。北京保卫战胜利后，大家忙着庆功，她却带人到郊外，收殓阵亡将士们的骸骨。

"太上皇"明英宗被俘，妻子钱皇后无人搭理，生活困难，也是她时常仗义帮助，还经常去探望钱皇后，陪她聊天解闷。后来朱祁钰想废掉太子（明英宗的儿子朱见深），大家不敢说话，还是她站出来反对，不惜和朱祁钰大吵，结果太子还没被废，她先被废了皇后位。

几年后明英宗朱祁镇复辟，开始秋后算账，竟逼她交出一条皇宫里的玉带。她知道后二话不说，当着传旨太监的面，把玉带甩手扔到井里，然后气场十足地大吼一句："没有！"知道这事的明英宗气得不行，本想让她去给景泰皇帝殉葬，结果太子朱见深知道后，在明英宗面前苦苦哀求，终于把她保了下来。

她一直活到正德元年，其间的半个世纪里，虽不再有皇后的名分，却是之后几任明朝皇帝们极为尊敬的人，逢年过节必然至成王府（明英宗复辟后她被安置在成王府）探望问候。汪氏八十而寿终，被正德皇帝追认为"贞惠安和景皇后"。《明史》对她的评价最形象：刚毅偏执，心怀仁德。

真实秋香情义重

明朝弘治年间最知名的风流才子，当属大画家唐伯虎了，然而在真实的唐伯虎故事中，并没有那位三笑姻缘的秋香，令他动情最深的女子，却是一个叫程九娘的妓女。当时唐伯虎卷入科场案，最终功名被夺，连妻子也和他离婚。人生最低谷时，这位叫程九娘的官妓来到他身边，与他结为夫妻，照料他的生活。

之后的多年里，两人相依为命，举案齐眉，唐伯虎穷困潦倒时，全靠九娘缝缝补补，支撑家中开支。可是好景不长，明朝正德初年，程九娘身染重病，不幸香消玉殒，临终前对唐伯虎遗言："承你不弃，做你妻子，本想尽心力理好家务，让你专心诗画，成为大家，但我无福，无寿，无禄，望你日后善加珍重。"

在唐伯虎的一生中，这是他最后一次放声地号啕痛哭。九娘故去后的唐伯虎，再未娶妻，后半生流连青楼，放浪一生。

明朝青楼也选秀

明朝中晚期，也是青楼文化大兴的时期。明朝士大夫通常喜欢流连青楼，按照文雅点的说法，就是狎妓为乐，在明朝晚期不但不算荒淫，相反算是风雅。

关于这条，其实明朝政府也曾明令禁止过，明朝每一任皇帝在任时，都曾反复重申朱元璋时期的禁令，严禁官员出入青楼场所。但上有政策下有对策，风声紧的时候，官员们往往不去妓院，反而把妓女请到家里来“小唱”，等着风声松了，再大摇大摆地去。

晚明的妓院，算是中国历史上最风雅的妓院，不但讲究诗词歌赋，更有士大夫按照科举考试的规矩，给妓院里的知名妓女们搞排名评比，甚至到后来，评比都有了一套流程：先是主持评比的士大夫们，向各路客人们发请柬，凡是光顾的客人都是评委，每个人都有权对参选妓女发表评论，并且以不同种类的花赠给妓女，来区别她们不同的名次。甚至有时候，士大夫们还习惯用“状元”“榜眼”“探花”来指代妓女们的名次，所谓的“秦淮八艳”“金陵十三钗”，基本都是这么评选出来的。

明朝妇女闹解放

晚明的另一个社会风尚，就是从明朝中期开始，越演越烈的“妇女解放运动”。早期的明王朝，在女子的规矩上极其严格，正经人家的闺女，基本大门不出二门不迈，而且大多不识字，擅长的技能，除了女红就是做饭、打扫卫生。

可到了明朝中晚期，却完全不是这么回事。万历年间的程朱理学老夫子吕坤，就曾发出过这样痛心疾首的感叹：这年头的女人，真是越来越不知羞耻了。就算是大家闺秀，也有好多人喜欢穿衣打扮，在外抛头露面，而且还和男人一样学文章歌赋，有的整天结交朋友，毫无矜持，有的还学一些淫词艳歌，大庭广众之下到处唱。这是什么世道啊！

刻薄是因为爱你

黄娥，明朝才女，自幼博闻强记，身为延绥巡抚黄柯家的闺女，一直求亲者众多，却只因十二岁那年，才子杨慎登门拜年，她躲在屏风后悄悄看了一眼，便义无反顾地爱上了已有妻室的杨才子。从此再有媒婆登门，她便严肃宣告：要嫁只能嫁杨慎。消息传到杨才子耳朵里，杨才子哭笑不得，却也只以为是小女生胡闹。谁知七年以后，杨慎不幸丧妻，悲痛万分。黄娥及时送上一首深情款款的小诗，刹那间俘虏了杨慎的心，然后热恋闪婚，喜结连理。

谁知天有不测风云，成婚没多久，杨慎卷入了明朝的“大礼”之争，被嘉靖皇帝一怒发配到云南。之后三十年里，杨慎在云南服刑，黄娥一度陪丈夫流放，甚至有次杨慎重病，正是黄娥悉心照顾，硬把丈夫给救回来。

而后家乡公爹过世，黄娥又只好回到丈夫家乡，照料老老小小，从此过起了两地分居的生活。三十年的婚姻生活，大多数时间只得靠书信诗词往来传情。直到杨慎七十岁那年，总算服刑期满，本以为云开月明，可以和妻子相守余生。不想嘉靖皇帝冷酷到底，杨慎前脚刚进家门，后脚官差就进门，又把杨慎抓去刑讯，再也经不起折腾的杨慎，惊病交加下离世。

在丈夫的丧礼上，经受丧夫之痛的黄娥，竟做出了一个极其刻薄的举动：不许给丈夫的尸体换衣服，就让丈夫穿着一身囚服下葬。这个近乎侮辱性的决定，引起了杨家老小的一片愤怒，连儿女们也不理解。

但面对亲人的指责，黄娥自始至终都沉默着，只是一再坚持。直到杨慎的棺木即将入葬，大家才懂黄娥的苦心：嘉靖派来的官员及时赶到，坚持要开棺验看，直到看见杨慎穿着囚服下葬才作罢。小心眼的嘉靖，也就因此彻底放过了杨家老小，一场家族大祸，在黄娥的“刻薄”下平安躲过。

惹不起的毒奶妈

魏忠贤能够最终把持朝政，除了自身的阴险狡诈，以及东林党不断犯下的愚蠢错误外，还亏了一个女人的帮助——他的情人、天启皇帝的乳母客氏。

这位客氏，其实才是天启皇帝一生最为依赖信任的人，就像天启皇帝自己一份诏书里所说：从自己开始记事的时候，客氏就陪在他的身边，因此自己一天也不能没有她。甚至天启皇帝每天晚上宠幸哪个妃子，也全由客氏来安排。

有关这位客氏的劣迹，除了骄奢淫逸，利用自己与天启皇帝的感情，帮助魏忠贤夺权外，最主要的，就是迫害天启皇帝的宠妃，尤其是那些怀了孕的以及和自己不对付的。

天启皇帝的嫔妃中，裕妃被客氏关押，最后活活饿死，胡妃和成妃被客氏关押后渴死。李妃在被关押前，事先吃了点食物，最后侥幸不死，但也被废为宫女。坏事做尽的她在魏忠贤倒台后，被发配到后宫浣衣局，满腔怒火的宫人乱棍齐发，将她打成了一堆肉酱。

真爱有谁可托付

明朝灭亡之前，赫赫有名的江南“秦淮八艳”中，几乎每个人都有一段与豪门有关的罗曼史，最让当时女子羡慕的，不是与钱谦益喜结连理的柳如是，而是和柳如是齐名的另一位江南名妓——寇白门。

寇白门在崇祯十二年（1639年）嫁人，她的老公，是靖难功臣朱能后人—— 保国公朱国弼。她的婚礼也是诸位佳人中最“拉风”的：是年秋夜的婚礼上，朱国弼调派五千士兵，沿秦淮河肃立到朱家府宅，场面极为气派，几乎全南京人都来围观。

然而好景不长，深爱寇白门典雅单纯的朱国弼，很快就三分钟热度过了，开始频繁出入青楼妓院，把新婚的寇白门扔在家里。直到清军南下时，毫无气节的朱国弼卖身投靠，却连叛徒都没做成，反而被清军扣押，张口要一万两白银的赎身费。

这时候的朱国弼，家产早被挥霍劫掠殆尽，哪里有钱买自由？无奈之下，他想到了最下作的办法——卖老婆，即把寇白门卖了还债。得知消息的寇白门二话不说，自己找小姐妹帮忙，为朱国弼凑齐了这笔钱，然后毫不犹豫地离开了他。

恢复自由的朱国弼，还曾想和寇白门重续前缘，结果寇白门正色说："我是你花钱从妓院里赎出来的，现在我又把你赎出来，咱俩两清了。"重回单身生活的寇白门，一度自号女侠，在家中修筑亭园，与诸多少年名士往来交游，每次纵酒欢歌到极乐后，却总是放声痛哭。

她也曾嫁给扬州一位孝廉，也因感情不和再次分手。人生暮年的时候，更因愤怒她的相好韩生背着她与自己的侍女调情，最后气病交加，溘然长逝。敢爱敢恨的快意外表下，是一个女人的真爱无处托付的苦痛。

尾　声

明朝灭亡时的囧事

大家一起踢皮球

明末农民起义，之所以闹得声势浩大，一个重要原因，就是晚明官员的相互推诿和欺上瞒下。比如最初的陕西动乱，从崇祯元年（1628年）就开始了，一直到了一年后瞒不住，才上报给朝廷。后来杨鹤受命招抚陕西叛军，一开始形势大好，几乎所有的叛军都接受了招安，他也一直报喜不报忧，一直到叛乱复起前五天，他给崇祯的奏折还说，现在陕西地区形势大好，老百姓安居乐业云云。后来暴乱再起，杨鹤回京领罪，《明实录》上记录，崇祯见面就大骂，你不是说一切大好吗？怎么成这样了！后来陕西地区的叛军，遭到了洪承畴的镇压，不得已流窜到山西，结果山西官员们的第一反应，不是讨论如何抗敌，而是推诿责任。山西巡按罗世锦给崇祯的奏报里，通篇都在标榜山西地区国泰民安，最后话锋一转，指责陕西官员故意把“流寇”赶到了山西。更“雷”人的是裴俊锡，他居然提议，让陕西官员先把叛军赶回陕西，然后再讨论是剿还是招安的问题。

崇祯死催就坏事

明朝最后一次可以免于灭亡的机会，是发生在明朝崇祯十六年（1643年）夏天，由陕西总督孙传庭指挥的河南之战。这场战争前，已经兵穷财尽的明朝最好的选择其实是稳守潼关，但猴急的崇祯不顾现实，死催孙传庭进兵河南决战。结果孙传庭虽然初战得胜，但明王朝却已无钱粮支援前线，孙传庭只得率部撤回陕西筹粮，留当地河南总兵陈永福断后。河南明军听后大怒，纷纷大骂说："你们陕西人跑了，留俺们河南人垫背啊。"结果明军哗变，被李自成反戈一击，不但河南没保住，连生命线一般的潼关都丢了。大势已去的孙传庭单枪匹马勇闯敌阵，最终壮烈牺牲。他的妻子闻讯后，带着两个女儿和小妾在家乡投井自杀。然而崇祯居然怀疑他投敌，一直到崇祯煤山上吊了，都没给他追赠谥号。

叛变专业户

李自成于崇祯十七年（1644年）正月初一建立大顺王朝后，随即发动了灭亡明王朝的战争。一路之上，大多数明军望风而逃，极少有人做有效抵抗。主动卖身投靠的更多。比如宣府总兵王成胤，他在李自成打来之前，不但送上了降表，还把堡垒上所有大炮的引信都拆了。李自成兵临城下时，宣府巡抚朱之冯誓死抵抗时，这才发现大炮都打不响，朱巡抚又提刀想杀出去，又被王承胤死死抱住。最后大势已去的朱巡抚哭了一场，只得上吊殉难。而主动卖身投靠的王承胤，之前已经有不少前科了，比如崇祯二年（1629年）明朝抗击皇太极攻打北京的广渠门之战里，就是他在作战中带头溃散，差点害得北京沦陷，是早就有名的“长腿将军”。

大明最佳影帝

李自成进逼北京的时候，崇祯发动了他最后一次出征。以大学士李建泰督师，赐尚方宝剑，统帅兵马在保定迎击李自成。出征之前，李大学士满脸含泪，忙不迭地叩头，声称此去不成功便成仁，灭不了李自成绝不回来。几天后李大学士到了保定，立刻向李自成投降，把崇祯的最后一点家底，原封不动全送给了李自成。这位李建泰在李自成事败后又投降清朝，一度还受命参编《明史》，但不久后就被清王朝以“谋反罪”灭族。他个人的事迹，则被编入了《明史》中的《逆臣传》。

迁都成闹剧

北京沦陷之前，崇祯其实还有另一个挽救局面的机会——迁都南京。但按照《崇祯实录》的说法，这个抉择之所以没能实现，主要因为崇祯的嫂子——天启帝朱由校的皇后张氏反对，她的理由是，自己老公的坟墓在昌平，怎么能扔下？退而求其次，又有人提出来，可以把太子和两个弟弟先送到南京去。这个决议差点实现，按照《国榷》的说法，当时太子连行李都收拾好了，就等着随时南下。可关键时刻，兵科给事中光时亨劝阻说：皇上要重演唐肃宗灵武即位的故事吗？即警告崇祯，小心你儿子跑到南京后另立山头，这样你的皇位就做不成了。生性猜忌的崇祯立刻改了主意，明朝，也就错过了最后的机会。这位光时亨在李自成攻陷北京后，主动卖身投靠做叛徒，后来又投奔了南明弘光政权，遭弘光政权权臣马士英弹劾论罪，最终被斩首。他的罪名是“力阻南迁，致使先帝殒命社稷”。

“愤青”真要命

国家的内忧外患令崇祯也非常着急，崇祯十一年（1638年）五月，他甚至给大臣们出了一道作文题，题目大意为，现在国家内忧外患，应该怎么办？他没想到的是，这个作文题，居然考出了一大群“愤青”来，几乎所有的大臣们都主张，要双拳出击，灭了农民军和满清两个祸害。兵部尚书杨嗣昌，刚露出点先和满清议和的口风，就立刻被他的下属——兵部赵郎中骂得狗血淋头。在“愤青”们的逼迫下，崇祯也只好硬着头皮死撑。明朝，最终亡于双线作战下。

这个宦官真找抽

崇祯皇帝在位时杀掉的最后一个人，是一个叫张殷的太监。北京城破前的三月十六日，这位张公公兴高采烈地找崇祯，说自己有破敌妙策。心头燃起希望的崇祯忙问是什么，张公公一本正经地说：等李自成打进来，您就赶快投降，肯定一点事都没有。气得崇祯当场把他砍得稀巴烂。

宫女愧煞人

崇祯十七年三月十九日子时，崇祯在煤山上吊，李自成攻破北京后，许多忠心耿耿的大臣选择了用殉难的方式尽忠大明。内阁大学士范景文留下遗言“不能灭贼雪耻，空有余恨”后，慨然投井自杀。这位范大学士曾经因得罪崇祯，一度遭到罢官，直到崇祯十五年才复职。以各种方式殉难的王公大臣、文臣武将加起来，总数大约三十多个。而殉难“比率”最高的，却是明王朝皇宫里的宫女们，城破之夜，选择自杀殉难的宫女，先后多达数百人，直叫诸多降将降臣羞愧万分。

叛徒不靠谱

李自成在攻陷北京后，一个公认的暴行就是对明朝军民手段酷烈的“追赃”。而第一个死于李自成“追赃”的，就是李自成攻北京时卖身投靠的襄城伯李国侦。按照《国榷》的记录，李自成从一开始就不待见这个叛徒，他最早在京城门口投靠时，李自成就指着他的鼻子骂：“你是崇祯最信任的大臣，这个时候你应该为国尽忠，现在你却站在这里，还有比你脸皮厚的吗？”接着就把他绑了起来。而后由刘宗敏出面，整整一夜严刑拷打，将他折磨致死。其家产全部被李自成充公。

拍马屁变成找死

在遭李自成“追赃”的官员里，内阁大学士陈演是非常滑稽的一位。这人在崇祯活着的时候特别会装，尤其善于揣摩崇祯的心思，每次和崇祯对答，都能讨得他欢心。他除了经常向崇祯的亲信太监行贿外，还特别会装穷，穿着简朴。《国榷》里说，李自成进北京早期，也以为他是个穷官，“追赃”的官员名单里本没有他。结果他自己找死，向刘宗敏行贿四万两白银，一下子露了富，刘宗敏下令抄陈演的家，结果发现他家院子下面一层，全是挖空的地窖，里面储满了白银，然后又经几天拷打，从他另一处宅子里，又搜出了数百两黄金以及成箱的珍珠。在李自成逃离北京前，此人被拉到闹市斩首。

领导真有钱

李自成对明朝旧官员的“追赃”，在不到一个月的时间里，总共得到白银七千万两。如果和被称为“苛捐杂税”的晚明对比一下，万历遭人诟病的“矿税”，20年间总共收上白银三百万两，即使加上被太监贪墨的部分，总数也就三千万两。而明末从万历四十八年至崇祯十七年，24年里摊派在老百姓头上的“辽饷”总额，也不过两千万两。这两个数字加起来，还没有李自成在一个月里勒索到的钱多。晚明的执政错误，或许可以这么形容：穷了政府，苦了百姓，富了蛀虫。